文脉留珍

丁玲纪念馆藏文物考释

◎ 毛雅琴 著

团结出版社

@团结出版社，2025年

图书在版编目（CIP）数据

丁玲纪念馆藏文物考释 / 毛雅琴著. -- 北京：团
结出版社，2025. 4. -- ISBN 978-7-5234-1840-6

Ⅰ. K870.2

中国国家版本馆CIP数据核字第2025NL5727号

责任编辑：杨亮
封面设计：隐园文化

出　　版：团结出版社
　　　　　（北京市东城区皇城根南街84号　邮编：100006）
电　　话：（010）65228880　65244790
网　　址：http://www.tjpress.com
E-mail：zb65244790@vip.163.com
经　　销：全国新华书店
印　　装：长沙市精宏印务有限公司

开　　本：170mm×240mm　16开
印　　张：12.25　　　　　字　　数：200千字
版　　次：2025年4月 第1版　印　　次：2025年4月　第1次印刷

书　　号：978-7-5234-1840-6
定　　价：88.00元

编委名单

主编：毛雅琴

编委：郑美林 张 兰 肖思洁 谭 媛

在历史褶皱中触摸真实的温度

——丁玲馆藏文物中的时代解码与生命重构

当泛黄信笺的皱褶在时光中舒展，当褪色照片的轮廓在光影中重现，当斑驳钢笔的墨迹在纸页上沮染，我们与一个炽热的灵魂完成了跨时空的对话。丁玲——这位以文字点燃革命火种、用生命丈量时代沟壑的文学星辰，其多重身份（作家／革命者／女性）的碰撞与融合，在《文脉留珍：丁玲纪念馆藏文物考释》中得以立体呈现。这部研究专著犹如开启多重维度的棱镜，让承载历史体温的器物突破博物馆的玻璃阻隔，将个体生命史与中国现当代文学史的经纬交织成可触可感的叙事网络。

抚摩这些承载历史余温的文物，恍然惊觉时光流转：自1998年踏入常德博物馆，倏忽间已在文博领域耕耘廿八载。从展览教育部的讲解员到办公室主任，从《常德历代名人》主编到国家二级博物馆申报负责人，这段跨越世纪的职业生涯恰似文物修复者的工作台——既有博物馆慢时光里的沉淀打磨，亦见证着新时代文博事业的高速发展。2016年筹建丁玲纪念馆的特殊使命，让多年积累的行政管理经验与博物馆运营智慧，如同文物拼图中缺失的关键碎片，在此刻完美嵌合。在确立"品牌攻坚，宣传先行；宣传为先，实干为本"的办馆理念时，那些在常德博物馆办公室探寻常德名人文化的静默时光，在《民间典藏》《古建之韵》编撰中触摸的文明肌理，都化作了名人纪念馆品牌创新、临展策划的基石。当我们用九年光阴将丁玲纪念馆送入全国名人故居纪念馆副主任单位序列，那些深夜研读馆藏文物的孤灯，与全国同行切磋时的思想碰撞，都凝结成学术研究的结晶。

文物从来不是历史的注脚，而是沉默的叙事者。书中辑录的书画作品绝非静态的艺术陈列，而是动态的精神拓扑图。毛泽东1936年题写《临江仙》的洒金笺，让延安窑洞的星火穿透泛黄纸背；鲁迅"悼丁君"诗稿的斑驳墨迹，仍激荡着1933年左翼文坛的罡风。海派画家丛鸿伯的《山水画》与《家中之趣》，在文人桃源与文化乡愁的意象叠合中，构建出二十世纪知识分子的精神乌托邦。这些墨痕丹青已超越艺术本体价值，成为解码历史精神结构的视觉符码。

学术研究始终是名人纪念馆的灵魂烛照。在撰写过程中，我始终在历史真实性与文学感染力之间寻找平衡。丁玲先生是"文小姐"，亦是"武将军"，其生命轨迹与中国现当代文学史、革命史紧密交织。面对如此丰厚的遗产，如何让文物开口说话？我尝试以"故事里的丁玲"为经，以"红色印记"为纬，用"文物说廉"的丝线编织成网。国家文物局《关于推进博物馆改革发展的指导意见》中提出的"构建中华文明标识体系"，让我在研究中更加注重将个体生命史与民族精神史相勾连。例如通过《跨到新的时代来》《陕北风光》等丁玲著作，不仅解读其个人创作历程，更由此延展至新中国知识分子与人民结合的宏大叙事。但越是深入，越是惶恐——那些未及展开的细节，那些尚待考证的往事，都在提醒着学术研究的永无止境。

书信与文献是时代精神与个体生命的双重镜像。新见丁玲书信遗存堪称微观史研究的珍贵样本：1936年南京家书中对侄辈的日常嘱托，折射出幽囚岁月的心理韧性；1955年与沈从文的患难书简，铭刻着特殊年代知识分子的生存策略；1985年致白浜裕美的晚年长信，则以回忆的棱镜重构与胡也频、冯雪峰等左翼文人的交往谱系。这些私语文本形成三重阐释向度——个体心灵史、文学交往史、时代精神史，为传统文学史研究提供了具身化的叙事补充。

尤为珍贵的是这批文献的多维阐释空间：国家一级文物《在黑暗中》的书页里沉淀着1920年代的女性觉醒；《北斗》杂志泛黄的创刊号中奔涌着左联时期的文学激流；瞿秋白《乱弹及其他》的政论锋芒与丁

玲《韦护》的革命叙事在书页间重逢,历史真实与文学想象便形成了双声部交响。

生活物品往往是最具穿透力的历史棱镜。一张布满横竖划痕的老旧书桌,桌面上泛着经年累月的油光,无声诉说着丁玲在创作与思考中的辛勤与坚持。书桌旁摆放的苏联柴可夫斯基芭蕾舞曲唱片,低语着她对艺术的热爱与追求。那件伴随她出席斯大林文艺奖颁奖典礼的驼色绣花中式上衣,见证了她与法国总统密特朗等人的会面,成为外事活动中的独特风景。甚至一个暗哑无光的公文包,也沉淀着她奔波于革命与文学之间的点滴岁月。这些器物以最朴素的形态,讲述着被宏大叙事遮蔽的日常:它们既是丁玲作为革命者的勋章,也是她作为普通人的生存印记。

历史影像如同凝结的时光琥珀,封存着民族记忆的关键帧。1938年西安城头,胶片定格了丁玲"今日武将军"的飒爽英姿——褪色戎装包裹着知识分子的清癯风骨,在硝烟弥漫的抗战岁月里,这幅刚柔并济的肖像恰似一把出鞘的文人之剑。1949年莫斯科机场,她率团行走在新中国成立的历史现场,呢子大衣下挺拔的身影与东欧早春的寒风构成蒙太奇,昭示着革命者向文化使者的身份嬗变。这些斑驳的影像串联成一部个体与家国共振的史诗,在个体命运与家国变迁的交织间沉淀着二十世纪中国的精神光谱。

本书在"书信手稿""书籍文献""书法绘画""生活物品"四辑中,以考古工作者的严谨与文艺创作者的审美,让那些被岁月封存的文明碎片重现生机:越南文版《太阳照在桑干河上》中夹藏的泛黄信笺,承载着中越文学交流的密码;蓝绿交织的羊毛围巾则化作情感考古的实体标本,经纬间缠绕着丁玲与西战团成员罗蓝的深切情谊。这种多维互证的研究方法,让沉默的文物成为激活历史记忆的媒介。

在数字化浪潮席卷记忆的今天,泛黄纸页间的温度愈发珍贵。指尖摩挲信笺的墨迹沟壑,恍若触摸到百年前某个深夜的书写震颤;鼻间萦绕的樟脑沉香,恰似历史老人衣袖间抖落的时光碎屑。《文脉留珍:

丁玲纪念馆藏文物考释》正如一座文字博物馆，邀请读者在展柜般的书页间漫步，在静默的对话中重建与历史的血肉联系。

当我们合上这本厚重的书籍，60 余件藏品不仅是通往激荡时代的船票，更凝结着文博人二十八载的坚守。从常德博物馆青涩的讲解员到丁玲纪念馆的掌灯者，这段跨越世纪的职业生涯始终与文明传承的使命共振。愿这些文物的微光，能引领读者重返历史现场——在那里，学术的严谨与人文的温度交织，而一个永远年轻的灵魂，仍在书写着未完成的传奇。

由于本人学力有限，书中难免有疏漏浅薄之处，恳请各位专家学者不吝指正。唯愿这些文字能成为读者走进丁玲精神世界的一把钥匙，让文物不再沉睡于展柜，而能化作照亮当下的人文之光。正如先生所言："人，只要有一种信念，有所追求，什么艰苦都能忍受，什么环境也都能适应。"这或许正是我们守护文化遗产的终极意义——让信仰的温度永远滚烫，让文博事业的时代使命在每一件文物的呼吸中生生不息。

在撰写本书第一辑"书信手稿"时，为了保持史料的真实性，对于书信草稿原件中笔误的标点符号和文字没有在转录中更正。在本书第三辑"书法绘画"中，毛泽东手迹《临江仙》与鲁迅手迹《悼丁君》目前馆藏的虽是复制件，但考虑它们的历史价值与重要性，还是收录了进来。在此特别说明。

最后，需要特别致谢的是，本书在撰写过程中得到郑美林与谭媛等同事的大力支持。她们夜以继日地协助翻译书信原文、查阅文物、校对书稿，付出了大量心血，在此深表谢忱！

目 录

书信手稿

《太阳照在桑干河上》越文本的珍贵传递 /3

《致巴金》信件的历史语境与文学价值 /6

丁玲致"无名文学"杂志社手稿中的文学哲思与殷切期许 /9

五页信纸，百年回响：丁玲致白浜裕美手稿解读 /13

四页手稿，一座中意文化交流的桥梁 /17

丁玲捐赠斯大林文艺奖金始末及其历史意义考析 /20

从丁玲致郑新庭信看改革开放初期的中外文学交流 /23

从丁玲致黑丁书信看 1979 年知识分子的命运转折 /26

从丁玲致孙犁书信看 1980 年代文坛的反思与变革 /29

丁玲与沈从文的时代困境与文人交谊 /32

致聂华苓：一封书信，一段至深友情 /35

丁玲吊唁电函背后的文化史诗与跨国情谊 /40

从丁玲致作协党组信手稿看历史与文学的交织 /43

文学之镜中的爱情：一场关乎灵魂的对话 /47

丁玲致丁玲研讨会书信手稿中的文学坚守 /54

丁玲致青年书信：一盏穿透时代迷雾的精神明灯 /58

丁玲致楚拉基书信中的中苏文艺对话密码 /64

铁窗下的启蒙者：丁玲 1936 年南京书简的精神突围 /68

丁玲纽约手稿中的现代性寓言 /71

丁玲的创作破局与文学重生——解析《作家需要培养对群众的感情》手稿 /74

书籍文献

《在黑暗中》：丁玲笔下的女性觉醒与时代困境 /83

《毛泽东选集》与丁玲：文艺思想与创作实践的间接交汇 /85

俄文版《太阳照在桑干河上》社会主义现实主义的跨文化实践 /87

乌克兰语版《太阳照在桑干河上》的出版历程与文化意义 /90

《母亲》：丁玲的革命情怀与文学转型 /92

沈从文《记丁玲》的文物价值与历史意蕴 /94

北斗星辉：丁玲与左翼文学的抗战岁月 /97

《一颗未出膛的枪弹》中的抗日信念与民族觉醒 /100

《窑工》：解放区文艺的战斗号角 /103

《陕北风光》：革命文物的多重面相 /105

丁玲与《一二九师与晋冀鲁豫边区》的时代印记 /108

丁玲《延安集》与延安文艺的精神图谱 /111

探析《文艺报》试刊合订本在新中国文艺建设中的重要作用 /114

丁玲与《中国》：以生命之火书写文学改革的时代篇章 /116

从《整风文献》看丁玲与时代的紧密交织 /119

《跨到新的时代来》：丁玲创作转型与新中国文艺政策的交汇点 /121

《欧行散记》：丁玲散文创作中的文化碰撞与艺术探索 /123

丁玲与《红旗》杂志的精神对话 /126

俄译《李家庄的变迁》：国际共运中的乡土叙事 /129

《乱弹及其他》：瞿秋白的文学革命与社会批判 /132

书法绘画

从《临江仙》看毛泽东与丁玲的文艺革命情谊 /137

从《悼丁君》手迹探寻鲁迅与丁玲的文学相知及精神传承 /141

墨痕风骨：《丁玲不死》挽联的文化解码 /144

从陈沂、马楠挽联探寻革命知识分子精神密语 /146

灵右挽联：左翼文人的精神互映与时代见证 /149

李正南赠丁玲诗书中的精神对话 /152

东方人与丁玲的生命对话与精神共泳 /155

刘开渠与丁玲的艺术情谊与心灵共振 /157

丛鸿伯赠丁玲：笔墨间的时代情谊 /159

未竟的丹青：丁玲艺术生命中的双重变奏 /161

生活物品

驼色绣花中式上衣：丁玲的文化符号与精神图腾 /165

红毛衣：丁玲晚年的生命底色 /167

黑色隐花丝绸旗袍：丁玲的精神符号与时代见证 /169

公文包里的文坛春秋 /171

丁玲影像里的革命书写与文化外交（1938-1949） /173

一条跨越八十年的"母女"围巾 /176

红唱片上的文化年轮：丁玲母女的跨国艺术之链 /179

一方书桌刻风骨 /182

书信手稿

《太阳照在桑干河上》越文本的珍贵传递

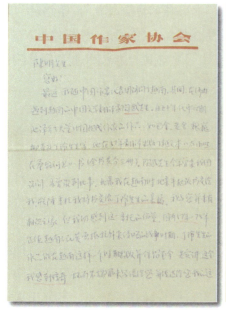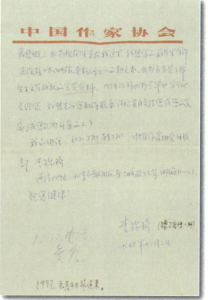

1996 年 12 月 2 日中国作家协会外联部李锦琦关于授越南中国文学翻
译家陶武所托转交丁玲著《太阳照在桑干河上》译著给陈明的信函

陈明先生：您好！

最近，我随中国作家代表团访问了越南。其间，在河内遇到越南
的中国文学翻译家陶武先生。自五十年代中后期，他译出了大量中国
现代作家的作品，如巴金、老舍、魏巍、柳青及丁玲先生等。他在 57
年翻译出版了越文本《太阳照在桑干河上》一书（全书共分三册）。
陶武先生今年曾来我国访问，亦曾谈到此事。此番我在越南时，他亲
手把该书交给我，并郑重委托我将书交给丁玲先生的亲属。我与您并
未有相识之缘，但我仍感到这一委托的份量。因为 57 年——75 年正值
越南人民英勇抵抗外来侵略的战争时期，丁玲先生的作品能在越南这
样一个时期出版并保留至今，老实讲，这令我感到惊奇，故而不揣冒

昧写信给您并传达给您我的这番感慨！此书现在保管在我这里，我想您的藏书里或许还没有《太阳照在桑干河上》的越文本。此书应当是丁玲先生文学成就的宝贵资料。为保证将此书尽早地、安全地交给您，我想先与您取得联系，而后亲自交给您或您的家属。（或您认为可靠的人）我的电话：64207711 转 2811，中国作家协会外联部 李锦琦。通信地址：北京市朝阳区东土城路 25 号，邮编：100013。祝您健康！

李锦琦一九九六年十二月二日

（12.12 电话 复信，赠丁玲传一册，1997. 元月 4 日送来）

这是中国作家协会外联部李锦琦于 1996 年 12 月 2 日写给丁玲的丈夫陈明的一封信。如今这封信夹在《太阳照在桑干河上》越文本中，静静地躺在丁玲纪念馆的文物库房内，它们虽静默无言，却承载着一段动人的故事，串联起了中国与越南的文学交流以及丁玲作品的深远影响。

1957 年，越南的土地上，战火仍在燃烧[1]，越南人民正英勇地抵抗外来侵略。就在这样一个特殊的时期，越南的中国文学翻译家陶武先生[2]，怀着对中国文学的热爱与对丁玲创作才华的敬重，翻译出版了越文本《太阳照在桑干河上》。这部反映中国农村土地改革的鸿篇巨制，被精心地分为三册呈现给越南读者。在那个物资匮乏、局势动荡的年代，完成这样一项翻译出版工作，其中的艰难可想而知。但陶武先生没有退缩，他深知这部作品蕴含的力量，也坚信越南读者能够从中汲取精神养分，了解中国人民在历史变革中的奋斗与成长。

时光流转，到了 1996 年。中国作家代表团[3]踏上越南的土地，作家李锦琦在河内与陶武先生相遇。交谈间，陶武先生郑重地将那套保存多年的越文本《太阳照在桑干河上》交给李锦琦，并委托他转交给丁

---

[1] 1957 年越南战火：指第一次印度支那战争（1946-1954）结束后，越南尚未统一，南方仍处于法国殖民势力影响下的动荡时期。

[2] 陶武：越南著名汉学家，20 世纪 50 年代起翻译鲁迅、茅盾、丁玲等中国作家作品，促进中越文学交流。

[3] 中国作家代表团：1996 年出访越南的代表团成员包括王蒙、邓友梅等作家，此次出访系中越关系正常化后重要文化交流活动。

玲先生的亲属。这份跨越近四十年的托付，承载着陶武先生对丁玲先生的深深敬意，也体现了他对这部作品价值的珍视。李锦琦深感责任重大，尽管与丁玲先生的亲属陈明先生素未谋面，但他还是立即提笔写信。在信中，他详细地讲述了事情的来龙去脉，传达了陶武先生的嘱托，以及自己对这部作品能在越南特殊时期出版并保留至今的惊奇与感慨。

李锦琦在信中还留下了自己的联系方式，希望能尽快与陈明先生取得联系，完成这份特殊的交接。收到信后的陈明先生，想

越南《太阳照在桑干河上》译著

必也被这份跨越山海的情谊所打动。1997 年元月 4 日，李锦琦亲自将书送到，还收到了陈明先生回赠的《丁玲传》[4]。

可以说，这封信和越文本《太阳照在桑干河上》是中越文学交流的生动见证。越文本《太阳照在桑干河上》见证了越南人民在艰难岁月里对中国优秀文学作品的接纳与喜爱，也体现了丁玲作品的强大感染力，即便跨越国界、历经战火，依然能触动人心。而这封信则记录了一段珍贵的传递过程，让后人看到了不同国家的文化工作者对文学的共同热爱与守护。

---

[4]《丁玲传》：指 1993 年由北京十月文艺出版社出版的《丁玲传》（周良沛著），是首部系统研究丁玲生平的传记作品。

《致巴金》信件的历史语境与文学价值

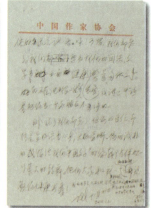

1984 年丁玲致巴金信手稿

巴金同志：

前一晌知道你去了香港，估计你的身体大概好了一些，很是高兴。那时我在湖北。年轻的时候，我走的地方很少，想四处都多跑跑，但又限于身体条件，想多接触些人，多接触些事，对增加知识、开扩胸襟都有好处，而且也会增加快乐。

本来早就要给你写信，但《中国文学》的产生，还是经过一些困难，像一些人形容的，有一段时间处在风雨飘摇中。我不愿使你分心担忧，一直克制着不写信，等有较好的消息再说。现在经过一段时间的努力，加上领导的帮助，群众的支持，出版社、印刷厂的合作，创刊号总算下厂付排了，不久也能拿到期刊执照了；明年一月底可以出版。暂时仍先交新华书店发行。十一月二十八日举行了一次招待会，各报都先后有报导，现寄上在招待会上分发的有关创刊号的资料，和我在招待会的致辞，请你指教。从这些材料，你可以理解，和你一样，我们都希望我们文学界彼此的关系能更和谐些。工作得更欢快些。多少年了，我们吃了多么大的苦。我们都不愿看见子孙后代还要遭到我们那样的不幸。可惜我们受客观生活条件的限制，不能更多接近谈心。我们是作家，我们喜欢大家在一起谈生活，谈文学，谈创作，谈心里话。我们不能再忍受那些"左"的或"右"的棍子、鞭子、框框、枷锁，我们也不甘忍受那些庸俗的流言蜚语。唉！可惜，现在我们都老了。但我们都想为我们文学界的大团结，文学事业的健康发展繁荣，再多做点事。的确，这也很难了。我讲这些是把你当一个老朋友才谈的。

我说我们都老了，但你的来信，却仍是显得语重心长，热情依旧，更可贵的是头脑清晰。你的诚朴的感情给我们《中国文学》的编辑部全体同志以莫大的鼓舞。他们大家和我一起向你致谢！祝愿你健康长寿！我们还希望，如有可能，请随时再给我们来信来稿，谈谈心事，兴之所至，笔之所之，即使是三言两语，也是非常珍贵的。

专此颂文安！

丁玲　十二月一日

1984 年 12 月 1 日，丁玲用中国作家协会专用信笺致信巴金，三页信纸上布满黑色底稿与蓝色修改的笔迹，字里行间既透露着《中国》杂志创刊的艰辛，更承载着两位文坛巨匠的深切情谊。这封看似日常往来的书信，实则蕴含着新时期文学发展的重要线索，其背后交织着中国现当代文学史的关键节点。

一、文学刊物的时代使命

信中详细记述了《中国文学》（后更名为《中国》）创刊历程："经过一段时间的努力，加上领导的帮助，群众的支持，出版社、印刷厂的合作，创刊号总算下厂付排了"。这看似平实的叙述，实则是新时期文学复苏的缩影。在 1980 年代文学场域重建的关键时期，丁玲以 80 岁高龄出任主编 [1]，与舒群共同创办这份文学双月刊，彰显着老作家重塑文学阵地的迫切愿望。

---

[1] 王增如、李向东：《丁玲年谱长编》，天津人民出版社，2006 年，第 737 页。

巴金在复信中提出的办刊理念，至今仍具启示意义："不愁刊物多，读者和作者都是最好的评判员。读者需要，作者支持，刊物就要存在下去；能团结作者，有益于读者，刊物就会发展"[2]。这种以读者、作者为轴心的文学观，既延续了五四新文学传统，又暗合了新时期文学的市场化转向。值得注意的是，巴金特别强调"创作就是作家通过独立思考，反映自己熟习的生活与真切的感受"[3]，这与丁玲信中"不能再忍受那些'左'的或'右'的棍子、鞭子、框框、枷锁"形成精神共鸣，共同指向对文学自主性的追求。

二、跨越时空的文学交谊

两位作家的渊源可追溯至现代文学发轫期。1927-1929 年间，他们的处女作相继在《小说月报》问世[4]，这种同源关系在信中表现为"和你一样，我们都希望我们文学界彼此的关系能更和谐些"的默契。1952年的赴朝创作组动员，更构成了特殊的历史关联。时任中国作协党组书记的丁玲致信巴金："如果能获得些新生活，对群众的感情有些新体会，那是可以写出新鲜的作品来的"，此番动员既体现组织化写作的时代特征，也暗含对作家创作潜能的认知。

三、晚年书写的生命观照

"可惜现在我们都老了"的感慨，在信中反复出现，形成独特的复调叙事。丁玲以"老朋友"相称的笔触间，既有"想为我们文学界的大团结，文学事业的健康发展繁荣，再多做点事"的未竟之志，也暗含对历史创伤的隐晦指涉。巴金回信中"头脑清晰"的赞誉与"讲真话"的呼吁，恰与丁玲"庸俗的流言蜚语"的批判形成对话，共同构建起老作家群体的精神图谱。

这封书信作为文学史标本，其价值不仅在于记录特定刊物的创办过程，更在于呈现 1980 年代文学体制转型期，老作家如何通过书信往来重构文学记忆、协商文化立场。信笺上密布的修改痕迹，恰似历史褶皱的具象化呈现，见证着文学理想与现实境遇的复杂博弈。

---

[2][3] 巴金：《致丁玲信》，《巴金书信集》，北京人民文学出版社，1991 年第334-335 页。

[4]《小说月报》第 18 卷第 12 号（1927 年）刊发丁玲《梦珂》，第 20 卷第 1 号（1929年）起连载巴金《灭亡》。

丁玲致"无名文学"杂志社手稿中的
文学哲思与殷切期许

丁玲1982年给《无名杂志文学》杂志社信函手稿

给"无名文学"杂志社：

你们托孟晓云同志转来的几期《无名文学》收到了，谢谢你们。承你们热情要我为这个刊物题几个字。但我自问，甚少才学，赋诗题字都不在行；又不习书法，字又写的不好，因此我向来就拒绝这一类的约请和要求。因为年龄和精力有限，遵从朋友和家人的劝告，我更给自己定了一条规约：不再写别人出题目的文章。这样，我自然是不可能满足你们的要求了。但是因为"无名"这两个字，引起了我一点感想，就把这点意思写在下边。

"无名"自然是对有名气而说的。"无名文学"四个字，作为一个刊物的名字，意思有点费解。"无名文学"是指刊物的无名呢，或是指"文学"的无名呢？可能两者都不是，而是指这个刊物的投稿人、编辑都是"无名"的。但这也不甚确切，无名会转化为有名。一个作者写了一、二篇作品，果真写的好，就会出名。或者文章长短写得平常，但因有人捧，一时也会有名。刊物若是编的好，有特色，立场坚定，旗帜鲜明，能联系广大读者，能发现几个青年作者，刊物也就会有名了。我希望你们这个刊物办的好，它将成为一个有名的文学刊物。那时，这个刊物是否要改一个名字呢？我想，现在既然取了这样一个名字，也就算了；让我们的"无名文学"成为一个有名的刊物，让一批年青（我想可能大多是年青人）的作者都能成为名实相符的作家、名作家，这是我从刊物的名字上想到的。

另外一点，作家写作，要不要为名呢？自然，我们总是警惕自己，告诫别人说写作不要为名，这是革命作家的职业道德中的一项重要内容。的确有的人是专为出名而写文章，这种人想方设法钻营，拉关系，抢出风头！这种人，我们不去谈他。实际上，在我们社会主义制度下，每一个老老实实，埋头写作的人都有成名的可能。因为每个作者，青年人也好，老年人也好，都希望攀登高峰，都希望自己能写出最好的作品，有了好作品，读者欢迎，社会推崇，作者自然就会出名。我想，总不会有一个人永远甘心、耐心写那些永不出名的作品的吧。自然，也有过这样的人，他们刻苦勤奋，文章写得不少，也发表不少，但总出不了彩，成不了名。因此感到苦闷，我们应该同情他，应该帮助他找出原因，帮助他写出好作品。有的人写出了好文章，社会承认你，你有了名，因为有名同时也会带来种种麻烦和不幸。这时自己要更加警惕：

第一，不要背包袱，不要以为自己真有什么异于常人的地方，自己高人一等，从此老虎屁股摸不得，只愿听奉承话，半句逆耳之言也听不进，甚至旁人没有说你，也要敏感心虚，疑神疑鬼，抢着对号入座，甚者还要指桑骂槐反咬别人几句。装腔作态，孤高自赏。

第二，写文章更要谨慎，既要畅所欲言，入情入理，引人入胜，更要顾及效果。要力求自己的作品能代表人民说话，代表人民中的大多数。代表人民中积极、正确、前进的一面，给读者以艺术的享受，同时引导读者向上，感情得到升华，从而生活更加充实、有力、新鲜、有趣。

第三，要不断地学习，努力做到名实相符。作家每走一步，都不可能是步步高升，每一步都必须是从头走起，从零起步。每一篇文章都力求保持自己已经达到过的水平，更要随着时代的脚步，读者的要求，不断地前进，突破，创新。

第四，要经得起风浪。一个文学作者是在读者中，群众中生长的，要相信群众，依靠群众，虚心听取群众的意见和批评。不要为一时的鼓掌或冷淡而动摇，不图一时虚名，也不怕一时的横逆，心里有自己正确的看法，不作随风倒的墙头草。

这些是临时想到的，就作为我同现在暂时无名，而未来将大有成就的年青朋友们的谈心吧。

丁玲 1982.10.6

在丁玲纪念馆的展陈中，一份 1982 年丁玲写给《无名文学》杂志社的信函手稿静静安放在展柜内，作为二级文物，它虽纸张泛黄，却承载着厚重的文学价值与时代记忆，诉说着丁玲对文学创作的深刻思考，以及对青年作家成长的深切关怀。

手稿以婉拒为开篇，丁玲坦诚地表明自己因才学、书法局限，以及精力有限，向来拒绝赋诗题字与命题作文。但"无名文学"四字却引发她的诸多思索，这便开启了一场关于文学创作真谛的深度探讨。在信中，丁玲对"无名"与"有名"的辩证关系进行了剖析。她指出，"无名"是相对"有名气"而言，而"无名文学"这一刊名含义稍显费解。她推测刊物或许意在表明投稿人与编辑皆为"无名"之辈，但她深知"无名"并非永恒，一个有才华的作者，凭借一两篇佳作即可崭露头角；一本特色鲜明、立场坚定且能与读者紧密相连的刊物，也终会声名远扬。这体现出丁玲对文学发展规律的深刻洞察，即文学领域充满着机遇与变数，"无名"是起点，而"有名"是在不懈努力与才华绽放后的结果，二者之间存在着相互转化的可能。

谈到作家写作与成名的关系时，丁玲强调革命作家应警惕追名逐利的心态，但也承认在社会主义制度下，潜心创作的作者都有成名的机会。好作品会赢得读者的喜爱与社会的认可，这是成名的正途。同时，她也关注到那些勤奋创作却难以出彩成名的作者，表达了同情与愿意提供帮助的态度。对于已然成名的作家，丁玲更是提出了四点宝贵的建议：其一，莫要自满自负，成名不应成为傲慢的资本，要保持谦逊；其二，创作需谨慎，在表达自我时兼顾社会效果，为人民发声，引领读者向上；其三，持续学习，不断突破自我，每一篇作品都应是新的起点，而非躺在过去成绩上的安逸；其四，要经得起舆论的风浪，相信群众，坚守内心的正确认知，不被一时的褒贬所左右。

这份手稿不仅是丁玲个人文学观念的集中体现，更是 20 世纪 80 年代中国文学复苏期的生动注脚。在改革开放初期文学蓬勃发展的关键时期，大批青年作家怀揣着文学梦想投身创作。丁玲以她丰富的创作经验与深刻的思想认知，通过这封信函为青年作家们指明方向，为他们提供了宝贵的精神指引。

如今，这份手稿被珍藏于丁玲纪念馆，成为连接过去与现在的文学纽带。它让参观者得以穿越时空，与丁玲进行一场跨越岁月的对话，感受她对文学事业的热忱与执着。手稿中所阐述的"无名"与"有名"的辩证关系，以及对青年作家成长的期许，依旧具有强烈的现实意义，激励着当代文学创作者在追求艺术的道路上，保持初心，踏实奋进，向着文学的高峰不断攀登。

五页信纸，百年回响：丁玲致白浜裕美手稿解读

1985年丁玲致日本学者白浜裕美信手稿

白浜裕美先生：

　　来信两封，都收到了，谢谢。我几次要复信，都因一些杂事打断了，拖到今天才复你，真对不起。望原谅！

　　现在答复你提的问题：

　　第一，常德女子师范成立在辛亥革命前二年，是一九〇九年。过去一些记载或叙说，均不确实。这次查阅母亲遗留的日记才查清楚的。母亲在常德女师先读了两年预科，1911年读本科，至辛亥革命停学，1912年去长沙读书，1913年辍学去桃源小学教书去了。

　　第二，我在平民女校读书半年，离开学校是退学，那时学校入学、退学手续很简单，我们学生生活很自由，说走，就走了。开始我还留在上海自学。到十月，我和王剑虹慕六朝遗迹，就去南京了。到旧历年底回湖南。平民女校可能就在这年底也停办了。停办是因为李达要去湖南自修大学，接手的人没有办好，就不办了。第二年，1923年，春，

13

我和王剑虹又从湖南到了南京。夏天遇见瞿秋白、施存统，才去上海进上海大学。

第三，我是在一九二五年认识胡也频的。正如你的说法，是五月间。

第四，1925年暑假，胡也频到了湖南。我那时的确对恋爱毫无准备，也不愿用恋爱或结婚来羁绊我，我是一个要自由的人。但那时为环境所拘，只的和胡也频作伴回北平。本拟到北平后即分手，但却遭到友人误解和异议，我一生气，就说同居就同居吧。我们很能互相理解，和体贴，却实在没有发生夫妻关系。我那时就是那样认识的。我们彼此没有义务，完全可以自由。但事实慢慢变的似乎仍应该要负一些道义的责任，我后来认为那种想法是空想，不能单凭主观，1928年就决定应该和也频白首终身。断绝了自己保持自由的幻想。附带谈一谈，我和雪峰的关系。1927年我写完《莎菲日记》后，由王三辛介绍我们认识的。王三辛告诉我他是共产党员。这是最重要的一点。我那时实在太寂寞了，思想上的寂寞。我很怀念在上海认识的一些党员，怀念同他们在一起的生活，我失悔离开了他们。那时留在北京的文人都是一些远离政治的作家，包括也频在内，都不能给我思想上的满足。这时我遇见一个党员了。我便把他当一个老朋友，可以谈心的老朋友那样对待。我们很谈的来，但我从来没有想离开胡也频，我认为我们三个人都可以长期做朋友生活下去的。雪峰对我也好象只有谈心的要求，我们相处时间很短，但三个人都很好。1928年我和也频住在杭州，也频对我们的友谊提出了意见，我同情他，便与雪峰中断了一时的友谊。后来雪峰结婚了，我们仍旧很理解，很关心。但我这个人是不愿在一个弱者身上取的胜利的，我们终身是朋友，是很知心的朋友，谁也没有表示，谁也没有想占有谁，谁也不愿落入一般男女的关系之中。我们都满意我们之中的淡淡的友谊。这些话我向来很少同人谈过，因为一般人不容易理解。威尔斯的纪录不详细，也不十分准确。先生诚恳相问，我坦然相告，不过这都不过只是个人生活中的小事，没有什么值的研究的。

春安！

丁玲　1985.3.1 日

这是一封 1985 年 3 月 1 日丁玲致日本学者白浜裕美的书信手稿，一共五页，由陈明先生于 2009 年 7 月 9 日捐赠给常德市丁玲纪念馆。现为馆藏珍贵文物。这封泛黄的信纸，承载着丁玲与日本学者白浜裕美跨越国界的对话，也记录着一段珍贵的历史记忆。1985 年，丁玲以坦诚的笔触，回复了白浜裕美关于她早年求学、情感经历等方面的询问。为我们解读丁玲生平、研究中国现代文学史提供了宝贵的史料。

　　一、 手稿的文物价值：历史的见证与情感的载体

　　作为一件馆藏文物，这封手稿的价值首先体现在其历史真实性上。信件内容涉及丁玲早年求学经历，与胡也频、冯雪峰等人的交往，均为研究丁玲生平思想、创作历程的重要佐证。例如，信中详细记述了常德女子师范的成立时间、丁玲母亲的求学经历，以及丁玲本人在平民女校、上海大学的学习情况，这些细节为还原历史场景、厘清历史脉络提供了重要依据。

　　其次，手稿也是丁玲情感世界的真实写照。信中，丁玲以平实的语言，坦诚地回顾了自己与胡也频、冯雪峰之间的情感纠葛，展现了她对爱情、婚姻、自由的思考。这种不加修饰的情感流露，让我们得以窥见丁玲内心世界的丰富与复杂，也为解读其文学作品提供了新的视角。

　　二、 手稿的文学价值：语言的艺术与思想的火花

　　丁玲的这封信，不仅是一份历史记录，更是一篇优秀的散文作品。信中语言朴实自然，却又饱含深情，字里行间流露出丁玲对往事的追忆、对友人的真诚、对人生的思考。例如，在回忆与胡也频、冯雪峰的关系时，丁玲写道："我们都满意我们之中的淡淡的友谊"，这种含蓄而真挚的表达，展现了丁玲高超的语言艺术。

　　此外，信中也闪烁着丁玲思想的光芒。她对自由、爱情、婚姻的思考，即使在今天看来，依然具有启发意义。例如，她认为"不能单凭主观"来决定婚姻，这种对婚姻的理性思考，在当时的社会背景下显得尤为可贵。

三、 手稿的现实意义：跨越时空的对话与文化的交流

这封手稿不仅是丁玲个人的历史记录，也是中日文化交流的见证。白浜裕美作为日本学者，对丁玲的研究体现了日本学界对中国现代文学的关注。而丁玲的坦诚回复，也展现了中国作家开放包容的胸襟。这种跨越国界的对话，对于促进中日文化交流、增进两国人民之间的理解具有重要意义。

总而言之，丁玲致白浜裕美的这封手稿，是一件集历史价值、文学价值和现实意义于一体的珍贵文物。它不仅为我们解读丁玲生平、研究中国现代文学史提供了宝贵的史料，也为我们了解中日文化交流史提供了重要的参考。相信在未来，这封手稿将继续发挥其独特的价值，为后人研究和解读这段历史提供源源不断的灵感。

四页手稿，一座中意文化交流的桥梁

1982 年丁玲为意大利文版《丁玲短篇小说选》所作的《序》手稿

序

可惜我没有到过意大利。

在我的心目中，意大利是一个美丽的地方，意大利人民是伟大的文学艺术的创造者。我在少年的时候，曾对绘画感兴趣，后来又爱上了文学。在那个时候，我那充满向往与渴求的心房，就常常因为达芬奇、米开朗琪罗、拉斐尔而振颤。我那常常由于各种悲欢离合而激动着的脉搏就不能不因为但丁、薄伽丘而加剧跳动。

自然，由于语言或其它种种原因，我接触到的意大利的文学艺术会是很有限的。但她却给了我极不同的感受。她犹如一位来自极遥远地方的客人，向我讲述了一个陌生的世界，从而启迪了我时常郁闷的心扉。意大利的文学艺术曾是我亲近的好友，或者还可以说是我的温柔的教师。

我多么愿意自己是一个中国的马可孛罗，那我就可以出现在意大利的罗马，威尼斯，佛罗伦萨……如果那样，我相信意大利人民一定愿意听到我所述说的意大利——一个加上了中国色采、中国情感的意大利，正像我们中国人读到的马可孛罗笔下的中国一样，既神奇，新鲜，又亲切熟识。但，这可能只是美好的想象，我还能象年轻时那样四方驰骋，上天入地吗？但，这种美好的遐想，仍是可以留在那里的。

前年，我收到过一封意大利罗马大学远东系研究生米塔女士的来信，述说了她对我的作品的欣赏。我感到高兴。今年我接受了美丽的玛尔格丽达的来访，知道她已经把我的一部分短篇小说译成意大利文字，要在意大利出版。我想着我的小说将实现我最初的想象，它将振着翅膀代替我在意大利飞翔，这是多么美妙的事儿。我希望我的书，将有助于意大利人民了解中国，了解存在于中国文学艺术和意大利文学艺术之中的相同和相异的东西；我相信人民、世界人民还是容易互相了解，彼此相亲相爱的，虽然由于各种阻碍而显得遥远。感谢玛尔格丽达小姐，她搭起了这样一座金桥，使我们能够跨海相亲了。这是有益于我们两国人民的友谊的，我们应该感谢玛尔格丽达女士。

1982.5.11 北京

在丁玲纪念馆的展柜中，静静陈列着四页手稿——1982 年丁玲为意大利文版《丁玲短篇小说选》所作的《序》。这四页手稿，纸张虽已泛黄，却承载着厚重的文学价值与文化交流的重要意义，宛如一座跨越时空的文化桥梁，连接着中国与意大利的文学世界。

手稿开篇，丁玲便流露出对意大利的无限向往。在她的认知里，意大利是一片孕育伟大文学艺术的神奇土地。少年时期，她的心就被达芬奇、米开朗琪罗、拉斐尔的绘画所震撼，被但丁、薄伽丘的文学作品所触动。这些意大利文艺巨匠们，在丁玲的成长过程中，扮演着极为重要的角色。他们的作品就像一扇扇通往未知世界的大门，启迪着丁玲那颗时常因现实而郁闷的心，成为她在文学道路上探索的温柔引路人。这份对意大利文学艺术的热爱，是丁玲文化底蕴的重要组成部分，也为她后续与意大利的文学交流埋下了伏笔。

接着，丁玲表达了自己渴望像马可·波罗一样，亲身踏上意大利的土地，去感受罗马、威尼斯、佛罗伦萨的独特魅力。她希望能像马可·波罗讲述中国那样，为意大利人民带去一个充满中国色彩与情感的意大利印象。尽管因年龄和现实因素，这或许只是美好的想象，但这种向往体现出丁玲对文化交流的强烈渴望。她深知不同文化之间的交流，能够让彼此看到一个全新的世界，既熟悉又新鲜，这种交流能够打破文化的隔阂，增进人民之间的理解与友谊。

而手稿中关于意大利罗马大学远东系研究生米塔女士[1]的来信以及玛尔格丽达小姐[2]将她的短篇小说译成意大利文并出版的内容，更是手稿的关键部分。米塔女士对丁玲作品的欣赏，让丁玲感到欣喜，这是她的文学创作在国际上获得认可的体现。而玛尔格丽达小姐的翻译工作，意义更为重大。丁玲的小说即将跨越千山万水，在意大利的土地上传播，代替她实现那个美好的想象。丁玲期待这些作品能成为意大利人民了解中国的一扇窗，让他们看到中国文学艺术与意大利文学艺术的异同之处。她坚信，尽管存在各种阻碍，但世界人民之间容易相互理解、彼此相亲相爱。玛尔格丽达小姐的工作，就像搭建了一座跨越海洋的金桥，让两国人民得以通过文学建立起深厚的情谊。

这份手稿，具有极高的价值。它是丁玲个人文学成就走向国际的见证，展现了她的作品在不同文化语境下的吸引力。同时，它也是中国与意大利文化交流的重要物证，记录了那个时期两国文学界的互动与交流。从手稿中，我们可以看到丁玲对文化交流的积极态度，以及她对文学能够跨越国界、促进人民友谊的坚定信念。它激励着当代人继续重视文化交流，让文学在不同国家和民族之间绽放出更加绚烂的光彩，也让丁玲的文学精神和文化交流理念得以传承和发扬。

---

[1]米塔女士：20世纪80年代意大利罗马大学远东系研究生，曾致信丁玲探讨其文学作品。

[2]玛尔格丽达小姐（Margherita Guidacci）：意大利汉学家、翻译家，1981年翻译出版《丁玲短篇小说选》（意大利文版）。

丁玲捐赠斯大林文艺奖金始末及其历史意义考析

1952 年丁玲将五万卢布奖金捐赠给中华全国民主妇女联合会儿童福利部后的
捐款收据和 1952 年丁玲收到的中华全国民主妇女联合会儿童福利部的感谢信

　　1952 年 6 月 12 日，中华全国民主妇女联合会儿童福利部向作家丁玲寄送的感谢信，见证了中国现代文学史上一段闪耀着理想主义光辉的往事。该信全文如下：

"丁玲同志：

　　收到您的斯大林文艺奖金作为儿童福利事业的捐款人民币三亿三千七百七十万元正。我们代表全国儿童对您关心儿童福利事业的热忱表示衷心的感谢。致

　　敬礼

　　另附收据一张

中华全国民主妇女联合会儿童福利部

一九五二年六月十二日"

这一捐赠事件的背景需追溯至国际文化界的重大荣誉。1951 年，丁玲以长篇小说《太阳照在桑干河上》荣获斯大林文艺二等奖。根据苏联部长会议 1952 年 3 月 15 日第 1134 号决议，正式确定 1951 年度斯大林奖金获奖名单。1952 年 6 月 7 日，苏联驻华大使罗申（N.V. Roshchin）在北京主持授奖典礼，向丁玲颁发证书及奖金支票。次日（6 月 8 日），全国文学艺术界联合会在北京饭店举行庆贺会，丁玲当场宣布将五万卢布奖金全额捐赠给儿童福利事业[1]。

这笔巨额捐赠的货币换算关系值得关注。根据中国人民银行 1952 年 5 月公布的汇率，1 卢布折合旧版人民币 6,754 元，五万卢布即合旧币三亿三千七百七十万元。以当时物价水平计，这笔款项可购买小米约 3,800 吨，或相当于 1952 年全国教育经费预算的 0.5‰。丁玲在获奖次日即作出捐赠决定，其决断之迅速折射出特殊历史语境下的精神特质。

解析这一捐赠行为的思想动因，可从三个维度展开考察：

首先，知识分子的社会担当意识。丁玲在延安时期即形成"文艺为工农兵服务"的创作理念，其 1942 年发表的《三八节有感》已显露出对妇女问题的深切关怀。正如她在捐赠时所言："这笔钱应该属于整个革命事业"，这种将个人荣誉转化为公共福祉的抉择，体现了左翼作家特有的价值取向。

其次，妇女解放运动的实践参与。中华全国民主妇女联合会作为当时妇女工作的核心机构，其儿童福利部承担着妇幼保健、托幼教育等重要职能。丁玲的选择既延续了"五四"以来知识女性参与社会改造的传统，又契合建国初期"妇女能顶半边天"的政治动员需求。她在《太阳照在桑干河上》塑造的黑妮等女性形象[2]，与其现实中的捐赠行为形成文本与实践的互文。

再次，国际主义与民族主义的交融。斯大林奖金作为社会主义阵营最高文化荣誉，其奖金捐赠既是对苏联文学体制的回应，也是建构

---

[1] 王增如、李向东：《丁玲年谱长编》，天津人民出版社，2006 年，第 294 页。

[2] 丁玲：《太阳照在桑干河上》，《丁玲全集》第 2 卷，河北人民出版社，2001 年，第 1-310 页。

新中国文化形象的政治行为。这种跨国界的文化资本转化，强化了中苏同盟语境下知识分子的身份认同。

该捐赠事件的历史回响超越了个体善举的范畴，树立了文艺工作者服务社会的典范，为此后作家参与公益活动提供了参照系。

时隔七十年重读这封感谢信，单薄的纸页承载着多重历史记忆：既是个人道德选择的见证，也是特定时代精神气质的缩影，更是中国妇女儿童事业发展进程中的重要坐标。这份文献提示我们，在考察 20 世纪中国文学史时，不应忽视文本之外的社会实践向度，而丁玲的捐赠行为恰为这种多维研究提供了典型案例。

从丁玲致郑新庭信看改革开放初期的中外文学交流

1979 年丁玲关于在法国巴黎出版《太阳照在
桑干河上》致郑新庭女士的亲笔信手稿

郑新庭女士：

　　来信收到。承您告诉我，巴黎一家出版社有意出版一些中国近代小说，并且您已经开始翻译拙著《太阳照在桑干河上》，我感到非常高兴和荣幸。您要求我写一篇前言，我极乐于从命。只是因为我最近身体不适，很遗憾，只能稍晚一些时候，为此我要请您原谅。

　　还有，您是否可以把有关的出版情况，稍微详细一点告诉我呢？

　　谨复，祝您

　　愉快。

丁玲　4.26

这封 1979 年丁玲致郑新庭的信笺静静诉说着特殊年代的文化密码。泛黄的信纸上，丁玲用清俊的钢笔字写下对法国出版社邀约的回应，这封不足三百字的短札，恰似一扇打开的窗，透出改革开放初期中国文学与世界对话的熹微晨光。

一、文学重生的时代印记

1979 年的中国文坛，如同解冻的春河涌动着勃勃生机。丁玲在信中提及"身体不适"的隐语，实则是历经二十余年政治风霜后的真实写照[1]。这位曾以《太阳照在桑干河上》获得斯大林文学奖的作家，在沉寂多年后重新执笔，其作品的法译计划本身就是时代变迁的注脚。信中"稍晚些时候"的歉意，暗含着作家对艺术生命的珍视，她需要时间疗愈身心的创伤，更需要重新校准文学创作的坐标。

巴黎第七大学东亚出版中心的档案显示[2]，当时法国汉学界正掀起"重读中国现当代文学"的热潮。郑新庭作为文化使者的出现，折射出西方世界渴望了解真实中国的迫切心态。丁玲询问"出版情况"的细节，既是对作品海外传播的审慎，也透露出久违的文化自信正在复苏。

二、书信里的外交智慧

在这封看似平常的往来信件中，处处可见文化外交的微妙平衡。"承您告诉我""谨复"等谦辞的使用，保持着传统文人的典雅风范；"非常高兴和荣幸"的表述，则展现出对国际文化交流的开放姿态。丁玲特意强调"中国近代小说"的范畴界定，实则是为作品在域外传播确立清晰的文学坐标。

据法国伽利玛出版社 1979 年度报告记载[3]，该社当年推出的"东方文丛"系列刻意淡化意识形态色彩。丁玲未在信中提及作品的政治背景，而是聚焦文学本体，这种策略性沉默恰是跨文化传播的智慧选择。她将前言写作延期的决定，既是对艺术质量的坚守，也为中外出版方留下了充分沟通的缓冲期。

[1]王增如、李向东：《丁玲年谱长编》，天津人民出版社，2006 年，第 526 页。

[2]巴黎第七大学东亚出版中心档案（Archives du Centre de publication Asie orientale, Université Paris VII），《当代中文文献特藏（1975-1985）》。

[3]《法国伽利玛出版社年度报告（1979 年）》（Rapport annuel 1979, Editions Gallimard），外国文学部。

三、文明对话的精神密码

这封信见证的不仅是一部小说的海外旅行，更是两种文明体系的深度对话。《太阳照在桑干河上》法译本最终定名为《桑干河畔的黎明》[4]，编辑团队在译序中特别强调作品对人性复杂性的刻画。这种解读视角的转换，恰好印证了丁玲在信中展现的文化自觉——她深知作品需要在异质文化土壤中找到新的生长点。

巴黎东方语言文化学院的研究显示[5]，该译本问世后引发了法国知识界对"社会主义现实主义"文学的美学讨论。丁玲未曾预料到，她笔下桑干河畔的土改故事，会成为西方观察中国社会变革的棱镜。这种超越作者原意的文化增殖，正是文学交流最珍贵的果实。

---

[4]丁玲：《桑干河畔的黎明》（L'aube sur le Sanggan）[M]，郑新庭 译，巴黎：塞伊出版社（Editions du Seuil），1982。

[5] 巴黎东方语言文化学院（Institut national des langues et civilisations orientales），《中国文学在法国的接受（1978-1988）》（La réception de la littérature chinoise en France），1990 年研究报告。

从丁玲致黑丁书信看 1979 年知识分子的命运转折

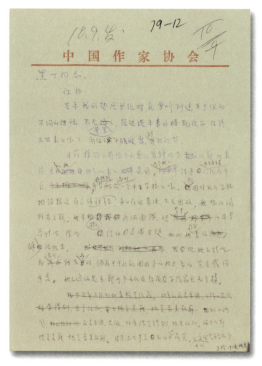

1979 年丁玲关于请求解决邵子南同志的夫人宋铮
工作调动事致河南省文联主席于黑丁同志亲笔信
手稿

黑丁同志:

你好!

去年,我们蛰居长治时,就曾听到过关于你的不同的传说,不无萦系。经过近年来的拨乱反正,你终又出来工作了,问讯之余,不胜欣慰,特致祝贺。

日前接邵子南同志的爱人宋铮同志从郑州来信,告以她58年以来的遭遇。如今她的错案已由重庆市委彻底平反,并转辗分配在郑州一个中专学校工作。现因住处与学校相隔较远，自己年老体弱，每日往返奔波，不无困难，她想改调到省文联。她本指定向你面陈，但鉴于河南当前情况，深恐给你造成不便，故此她给我来信诉说始末。我把她的情况和希望转告与你，倘能于可能范围内予以指点、帮助，实是感同身受。她的通讯处为郑州市文化区河南农学院宿舍九号楼。

我们的问题，反党集团、右派，均属错定错划，均应改正，两个人都恢复党籍，恢复原来级别。目前，正在等着行动上的落实。四次文代会开会在即。

丁玲 1979.10.9

这是一封穿越四十余载光阴的私人信件，也是见证特殊历史时期的珍贵文物。这封不足六百字的信函，不仅是两位文坛大家交往的见证，更折射出中国知识分子在历史转折时期的命运交响。

一、历史褶皱中的生命轨迹

信笺开篇"蛰居长治"四字，道出文革期间知识分子的共同境遇。丁玲与黑丁在山西长治的蛰伏岁月[1]，是那个时代文化人集体命运的缩影。信中提及的"不同传说"与"拨乱反正"[2]，恰如双面镜，既映照出特殊年代里知识分子的生存困境，也折射出新时代曙光初现时的复杂世相。

宋铮的遭遇堪称时代标本[3]：1958年蒙冤，二十一年后方得平反，却仍陷于"住所与学校相隔甚远"的现实困境。这个普通知识分子的命运曲线，勾勒出整个群体在历史激流中的沉浮轨迹。丁玲在自身"恢复党籍"尚未完全落实之际，仍为他人奔走，这份知识分子的相惜之情，在信笺的折痕间历历可见。

---

[1]黑丁蛰伏岁月：作家黑丁（原名于敏道）在文革期间同样遭受冲击，1978年恢复工作后任河南省文联主席。

[2]拨乱反正：特指1978年中共十一届三中全会后开展的纠正冤假错案运动。

[3]宋铮遭遇：邵子南（作家）之妻，1958年因"右派"问题被错误处理，1979年获重庆市委平反。

二、文字肌理中的时代密码

信中"反党集团、右派"等特定历史名词，构成解读时代密码的关键词。丁玲以"均属错定错划"的斩钉截铁，展现出知识分子对历史公正的强烈诉求。这种自我正名的迫切感，与"四次文代会开会在即"的时代背景相呼应，暗示着文艺界即将到来的思想解放。

字里行间暗藏的时代张力尤为耐人寻味。丁玲建议宋铮"鉴于河南当前情况"[4]不宜面陈，这种政治敏感性的表述，揭示出历史转折期特有的复杂生态。信中提到的"文化区河南农学院宿舍"具体地址，既是对现实的精准记录，也成为考据当时社会空间的重要线索。

三、信笺背后的精神图谱

丁玲在信中展现出的担当精神，恰是老一辈知识分子的精神徽章。她以"感同身受"四字将他人困苦纳入己身，这种"士"的情怀超越个人际遇，构建起知识分子的精神共同体。信中提及的"恢复原来级别"与"等着行动上的落实"之间的微妙张力，恰是理想与现实碰撞的真实写照。

这封书信作为历史证物，其价值远超普通信函。它既是个人命运的交汇点，更是时代洪流的测量仪。信纸上的每处停顿、修改痕迹，每个时间标记，都在诉说着历史转型期的阵痛与希望。当我们凝视这页信笺，看见的不只是两位文人的交往，更是一个民族在走出历史阴霾时的集体身影。

---

[4]河南当前情况：指当时河南省文艺界尚存的思想桎梏，黑丁时任省文联主席正推动体制改革。

从丁玲致孙犁书信看 1980 年代文坛的反思与变革

1985 年丁玲致老作家孙犁信手稿

孙犁同志：

很想找你聊天，可惜住得太远，说实在的也不算远，不过来往太不方便，只得作罢。

现在通俗小说可以说是泛滥成灾。我是喜欢中国传统小说的，很想学习它的写法。可是现在的小说，不是学习、发展，是滥用；不是通俗，是庸俗。现在有的大刊物也登载这样的小说了。原来我们也只是捧角，把用小市民的趣味眼光去写小市民的东西奉为神明，怎么会不落得这样的结果？一些庸俗不堪的作品，尽是狗男女占住文苑地盘，却还在那里摇头摆尾，真叫人恶心。我很不想编辑什么文学刊物了，真的要出家。我不是一个消极的人，也有点想消极一下了。

我们《中国》最近要开一个讨论"通俗文学"的小会，研究了一下，不打算请你来开会了，但请你写一篇文章，短小也好，长篇大论也好，就是说"中国文学"，"通俗文学""什么叫文学"，"怎样欣赏文学"，"文

29

学与人生观的关系""什么叫幽默""什么叫有趣""什么叫闲章""什么叫贫嘴费话""文学的真正的思想性……"等等。我觉得题目太多了，希望作家自己谈谈，起码让我们，让读者眼睛清亮一下，心里有点安慰，否则，活得太苦了！

我五月十三日去澳大利亚，月底经香港回国。我简直不是为自己活着。但总得活下去。

心情太坏，不该向你发牢骚的，只是为了可以得到一点理解，和不致于惹祸。

回国后再写信，也许找机会再去看你一次。

祝健康！

丁玲 1985.5.20

丁玲于 1985 年 5 月 20 日写给孙犁的这封书信，在泛黄的信笺上承载着文学转型期的精神阵痛。作为丁玲纪念馆的珍贵文物，这封私人通信的价值不仅在于两位文学巨匠的思想对话，更在于其微观叙事下潜藏的时代密码。当我们以文物解读的视角重新审视这封信件，会发现它既是个体生命的灵魂独白，更是整个 1980 年代文学场域转型的活体标本。

一、知识分子的精神图谱

丁玲以"泛滥成灾""狗男女""摇头摆尾"等激烈措辞痛陈通俗文学的庸俗化倾向，这种愤怒背后潜藏着延安文艺座谈会以来的精神传统[1]。她对"小市民趣味"的批判，实质上是对文学神圣性的坚守。信中开列的"中国文学""文学与人生观"等十余个命题清单，构成了一个完整的文学认知体系，透露出老作家对文学本体论的深度焦虑。这种焦虑在 1980 年代中期的文化语境中，恰是严肃文学面临市场冲击时的本能抵抗[2]。

二、历史夹缝中的文人对话

---

[1]丁玲：《谈写作》，《丁玲全集》第 8 卷，河北人民出版社，2001 年，第 266 页。
[2]陈思和：《中国新文学整体观》，上海文艺出版社，2001 年，第 176-179 页分析市场经济对文学创作的冲击。

书信中"出家"的自我调侃与"总得活下去"的无奈妥协，折射出丁玲晚年的精神困境。作为经历过革命淬炼的左翼作家，她在商品经济大潮初起时表现出的强烈不适，实则是社会主义文学体制与新兴文化市场碰撞的缩影[3]。信中反复出现的"理解""惹祸"等隐晦表达，暗示着特定历史语境下知识分子的生存智慧。这种私人通信的隐秘性，恰为观察历史转型提供了没有被规戒教训的真实视角。

三、文物肌理中的时代褶皱

信件的物质形态本身即是重要历史证物。钢笔字迹的轻重缓急、修改痕迹的隐现、日期与行程的标注，共同构建起流动的时空坐标。丁玲提及即将开始的澳大利亚之行，与信中"不是为自己活着"的喟叹形成微妙互文，展现出全球化初期中国作家的文化苦旅。信末"回国后再写信"的约定虽未见兑现，却因此更显珍贵——它凝固了历史转折点上未完成的对话。

这封书信的文物价值，在于它超越了单纯的文献意义，成为触摸历史体温的媒介。当我们的目光穿透纸背，看见的不仅是两位作家的私人交往，更是整个时代文化转型的阵痛与突围。在当代文学史研究中，这类私人信札正在重构我们对历史的认知方式——它们如同散落的星子，终将在重绘的文学星图中找到坐标。丁玲纪念馆珍藏的这封信件，正是这样一颗照亮历史幽微处的星辰。

---

[3]钱文亮：《20世纪80年代的"断奶"政策与"纯文学"体制改革》，《文艺争鸣》，文艺争鸣杂志社出版社，2024年第8期。

丁玲与沈从文的时代困境与文人交谊

1955 年 11 月 21 日，时任历史博物馆研究员的沈从文向作家丁玲发出了一封饱含焦虑的求助信，这封被列为丁玲纪念馆藏珍贵文物的信函，成为研究现代文人关系史的重要文献：

丁玲：

　　帮助我，照这么下去，我体力和精神都支持不住，又只有倒下。感谢党对我一切的宽待和照顾，我正因为这样，在体力极坏时还是努力做事。可是怎么做，才满意？来帮助我，指点我吧。让我来看看你吧，告我地方与时间。我通信处东堂子胡同廿一号历史博物馆宿舍。

　　　　　　　　从文　廿一

1955 年沈从文在中国历史博物馆
工作遇到困难给丁玲的求助信

信中"又只有倒下"的"又"字，折射出沈从文对 1949 年精神危机的创伤记忆。此时正值知识分子思想改造运动深化期，曾在文坛享有盛誉的沈从文因政治环境变化陷入创作困境，转而从事文物研究却难以适应体制要求。这种转型期的身份焦虑在"怎么做才满意"的反复诘问中显露无遗，其对丁玲的求助既基于早年情谊，更暗含对体制内知识分子的生存策略考量。

　　丁玲与沈从文的交谊始于 1920 年代北平文坛，彼时两人皆处于文学创作初期，生活困顿却志同道合。胡也频、徐志摩等共同友人的串联，使得他们在《红黑》[1]等刊物的创办过程中建立起深厚友谊。然而1930年代后，随着丁玲赴延安投身革命文学，沈从文留守国统区坚持自由主义写作，两人的思想分野逐渐扩大。至1950年代，丁玲身居中国作协领导岗位，沈从文则退出创作一线，这种地位落差为他们的交往蒙上时代阴影。

收到求助信的丁玲正处于政治风暴中心。1955年8月3日起，中国作协党组连续召开扩大会议，会议主题从"揭发胡风反革命集团"转向批判"丁玲、陈企霞反党小集团"[2]。至10月底，丁玲被迫作出书面检讨，承认所谓联盟关系。在此背景下，她于11月22日将沈从文来信转呈作协书记处，并附说明函：

白羽、文井同志：

1955年丁玲收到沈从文求助信给中国作协书记处书记刘白羽、严文井的信函手稿

[1] 王增如、李向东：《丁玲年谱长编》，天津人民出版社，2006年，第47页。
[2] 黎辛：《我所了解的丁玲、冯雪峰、陈企霞案件始末（三）》，《纵横》，1998年第11期，第6页。

一九（四九）五〇年，我同何其芳同志去看过他一次。那时他的神经病未好。五一年土改前他来看我一次，我鼓励他下去。……五二年问我要了二百元还公家的账，大约他替公家买东西，公家不要，我没有问他，他要钱就给他了。去年他老婆生病想进协和，陈翔鹤同志要我替他设法，好像不去不行，我又向陈沂同志替他要了一封介绍信交陈翔鹤同志给他。现在又来了这样一封信。我知道他曾经同陈翔鹤还是谁谈过想专搞创作。……看现在这样子，还是不想在历史博物馆。这样的人怎么办？……我看见他的萎靡不振，仿相隔世之人的样子，也忍不住要直率的说他。……

敬礼！

丁玲　廿二日

此信透露多重信息：首先，丁玲刻意强调"神经病"（即 1949 年沈从文的精神崩溃事件）[3]，暗合当时对知识分子思想改造的病理化叙事；其次，历数五次具体交往（1949 年探访、1951 年土改动员、1952 年借款、1954 年协和医院介绍信及当前信件），在政治高压下进行自我保护式的"关系切割"；最后，"仿相隔世之人"的形容，既折射沈从文的精神状态，也暗示丁玲对其不合时宜的认知。

值得玩味的是，丁玲在信末建议"与文井同志商量是否我们去看看他"，这种矛盾态度正是特殊历史时期的典型症候：一方面要遵循组织程序，避免"小集团"嫌疑；另一方面仍存知识分子的道义担当。这种双重性在其处理方式中得到体现——既将信件转交上级部门，又详细说明情况以期引起重视。

从文人交往史视角考察，这对文坛故交的互动呈现出三个历史维度：其一，折射 1949 年后知识分子在体制转型中的生存困境；其二，展现政治运动中私人关系的异化与重构；其三，揭示特殊年代文人自我保护机制的生成逻辑。他们的书信往来，既是个人命运的交响，更是时代变奏的缩影。

---

[3] 王增如、李向东：《丁玲年谱长编》，天津人民出版社，2006 年，第 248 页。

致聂华苓：一封书信，一段至深友情

1984 年丁玲致美籍华裔作家聂华苓信手稿

华苓妹：

当你收到这封信时，你一定会很奇怪。怎么搞的，我会给你写信了。我实在不对，不好，我记得还是去年在昆明写过一封信给你。后来我因为忙，后来又因为懒。一懒就更懒，一拖就更拖，直到现在，我实在该写了，也拖不过去了。今天就先谈一点吧。

从薇薇[1] 那里知道你很好，Pule[2] 也恢复过来了。我们都很高兴。你又在写文章，就更高兴。半年来我实在很少动笔。要写长篇，总有事干扰，要写短文，实在不想写。这几年我已经被人说成正统派了。还有人说我左，真可笑。真是"左""右"都由人说，"左、右"都由人骂，好在我是写不倒的。也打不倒，我以前是怎么的，现在还是怎么。只是实在是因为有人左时，他说你右，他右时又说你左。我想你是绕不清的。我还是谈点别的。

薇薇告诉了你来中国的时间和安排。我一听，泄气了。因为我早

---

[1] 薇薇，王晓薇，聂华苓的女儿，当时在中国教书。参见丁玲：《致聂华苓》注释，《丁玲全集》第 12 卷，河北人民出版社，2001 年版，第 221 页。
[2] Pule，保罗·安格尔，聂华苓的丈夫。

已决定四月间到厦门去。厦门大学早就聘请我们两人做为他们学校的教授。我答应四月五月去他们那里讲课，五月廿四日至五月卅一日在他们学校将举行一次"丁玲作品讨论会。"将约请国内三十多人参加。我不能早走。六月一日我将去菲律宾，可能于五月二十七日返京。这样同你的行程完全错过了。你好容易回来一次。pule 更难，而我们在此期间不能碰面，真是太可惜了。我同薇薇说，你的行程太不好了。你何必还去湖北和南京呢？我也体会你的这种念家、念旧的感情。只是，太耗费时间了。云南是可以去的，但时间一定要多些，去石林须要两天，去西双版纳须要八九天，路上乘机来回得四天，温泉洗澡得一星期。加上去的时间就得二十天，而且西双版纳过了泼水节就热起来了。昆明是凉快的。但如果不去西双版纳，或丽江，就没有什么意思。洗澡也应该多几天。如果为了洗澡，也得住十天半月才有效。我个人很想你去厦门，参加一两天会，你在会上发一次言，你们给学校讲一次课，讲讲美国文学，或台湾文学都会非常受欢迎。或者什么都不讲，只是去那里洗海水澡。在鼓浪屿休息一星期。我们叙一叙。参观几个地方，如集美、厦大。我真希望你对行程完全可以再考虑，我真希望能在厦门见到你。五月间我都在那里。不在会期，早一点来也好。可是我也想到你的中国朋友太多，你将受到各地的朋友欢迎。你将分身不过来。可是，要是我见不到你和 pule，我将是如何失望呵！

　　我现在为你画一个行程表作为你的参考。一：北京五、六、期天。云南半个月（如西双版纳已热，就去大理、丽江。看看石林。温泉去洗一两天算了。）厦门五六天。上海四五天。二、不去云南。去西安看看石人石马。那里也有温泉。这样你就可以去湖北，在湖北去江陵看楚墓古物。这里的文物比西安的更古，更有意思。我看到介绍。这是说你如果要在北京多呆几天。至于上海，你实在不须要呆得太长。南京你如果愿旧地重游，也可住两天。这样地方跑得多一点，但云南傣族地区不看，也是可惜的。地方跑得多，把时间用旅途上，太劳累，不合算。请你考虑。

　　另寄上散文选一本。访美散记交稿十个月了，还印不出来，真难受。

　　爱荷华今年冷吗？我常常想到你在冰天雪地中驾着你们那部大车

下山。真为你担心。但一想到你们两个人可以独自占领那所小楼，凭窗观赏，奋笔直书，偎在炉边，喁喁私语，真也够使人羡慕。最好是客人少点，只来好朋友，谈谈文学，艺术，翻翻好诗，吃点苞米花，喝点好茶。真舒服呵！

陈明现仍在医院。动了一次手术，剖腹检查，切除了一个切口疝。再一个星期，就可以回来了。

后天薇薇要来。问候你们，等着你们。丁玲、二月二十日。

要发信时，打开你给薇薇的信一看，真要命！你是说五月廿日左右来京，那我前边写的都作费了。那我就希望你在北京等我，我五月廿七日赶回来好了，或者晚一两天，要看航班了，但我决不可能在廿七日以前。你如果能在北京留十天，五月二十日到卅日，那我能赶上，我希望你能多留几天，我六月一日去菲律宾。如你不能留十天，你就晚几天来。你看我多自私呵！

丁玲

《致聂华苓》这封信写于 1984 年 2 月 27 日，信长 26.2 厘米，宽 19 厘米，共有 7 页，2009 年 7 月 9 日由丁玲丈夫陈明捐赠与丁玲纪念馆。现为馆藏珍贵文物。

聂华苓比丁玲小 21 岁，丁玲在信中亲切地称呼她为"华苓妹"。丁玲向聂华苓诉说自己当时的处境，那就是"左""右"任人说，这一般是"不足以给外人道的"，然而她讲了，并表示自己是"骂不倒的，也打不倒的"，完全把聂华苓当做家人。

说到丁玲与聂华苓的缘分，源于一封越洋电报。1979 年 11 月，中国作协第三届理事会第一次会议选出新的中国作协领导机构，丁玲当选为副主席[3]。不久，她收到来自美国的电报："北京中国作家协会丁玲，非常高兴得知您在那么多年以后当选为中国作家协会副主席。希望四月里见到您。聂华苓、保罗·安格尔"[4]。

[3] 王增如、李向东：《丁玲年谱长编》，天津人民出版社，2006 年，第 551 页。

[4] 李向东、王增如：《丁玲传》，中国大百科全书出版社，2015 年，第 682 页。

次年四月，聂华苓和保罗·安格尔如约访华，邀请丁玲夫妇赴美国爱荷华大学参加"国际写作计划"交流项目。爱荷华大学"国际写作计划"是聂华苓与安格尔夫妇于 1967 年共同创办的，每年邀请一些世界各地著名作家来写作、讨论和旅行，为大家提供交流平台。1979开始，中国大陆作家也开始参与"国际写作计划"，丁玲是第三批受邀的大陆作家。1981 年 8 月底，丁玲与陈明抵达爱荷华。[5]

聂华苓之所以邀请丁玲，除了其早年的国际声誉，丁玲对爱情的坚贞，和陈明富有浪漫色彩的婚姻也是吸引聂华苓的部分原因。而丁玲能够顺利赴爱荷华参加国际写作计划，却得益于中美关系解冻与文化交流政策以及中国作协对丁玲复出给予的默许与支持 [6]，可说是多重历史机缘与个人努力交织的结果。

聂华苓与丁玲一见如故，虽相差二十多岁，但相似的成长背景和性格让二人惺惺相惜。在爱荷华的日子，丁玲夫妇常晚饭后散步到聂华苓家，四个人坐在小院的台阶上谈天说地、把酒言欢。两人都是优秀的作家，对文学有着执着的追求。她们交流文学创作，谈论文学观点，在文学理念上有很多契合之处。丁玲经历过许多政治风波和人生起伏，聂华苓也有着从中国到台湾再到美国的漂泊经历，她们都能理解对方在不同环境中所面临的困境和挑战，这种理解以及同为女性、为妻、为母的精神共通性，使她们的情谊更加深厚。在聂华苓的眼中，看到的是一位无论何时都要拉着陈明的手、敢爱敢恨、勇于选择自己新的人生的"莎菲女士"，是自由和纯真的象征。[7] 她之后在自传《三生三世》中描写丁玲那一节的标题就是"莎菲女士——丁玲"。对丁玲的描写也是以她和陈明的感情为主线，场景则是聂华苓和安格尔、丁玲和陈明两对夫妇在树林的一次漫步。

因跨越不同政治语境，她们的友谊又天然携带了对性别议题、个人

---

[5] 李向东：《她让丁玲触摸美国——聂华苓与丁玲的交往》，《书城》2008 年第 8 期。
[6] 参见王中忱《"新时期"文学体制的建构与丁玲的复出》《"新时期"的文艺与政治：重读晚年丁玲》，收《作为事件的文学与历史叙述》，台湾人间出版社 2016 年版。
[7] 聂华苓：《三生三世》，百花文艺出版社 2004 年版，第 313 页。

命运的共同关注。并通过彼此的经历，探讨女性在不同社会语境下的创作困境与身份认同。丁玲访美期间，聂华苓不仅安排其在国际写作中心举办的中国文学座谈会、"中国周末"等活动中作交流发言，[8]在耶鲁大学、哈佛大学等名校演讲，还在参观访问芝加哥、纽约、华盛顿等城市，会见《续西行漫记》作者尼姆·威尔士、女权主义者苏珊·桑塔格、华裔美籍作家於梨华、杨振宁等知名人士中推动丁玲以中国视角解读美国。她们在政治立场、文学观念上虽然并不完全一致，但尊重彼此的"文化语境"。丁玲在之后出版的《访美散记》中对"国际写作计划"模式的肯定，对美国科技、城市建设、贫富差距、中外作家生存状态的对比，以及对"个人自由与社会责任"的思考等，既是中国作家对美国的观察，也是美国了解改革开放初期中国知识分子思想的窗口。

丁玲与聂华苓从 1980 年初北京相识到爱荷华相聚，再到丁玲回国，尽管相隔一个太平洋，却一直书信往来保持联系，丁玲笑称聂华苓是美国的昭君，安格尔是太白诗人，专门在湖北买了一套昭君茶具和一套太白醉酒的酒具托薇薇带给聂华苓[9]。这些书信往来和礼物赠送，进一步巩固了她们之间的友谊。而聂华苓在长篇回忆录《三生三世》中辟专节写到的中国大陆作家也只有一个丁玲。足见丁玲在她心中的地位以及她们之间非同寻常的交情。

丁玲与聂华苓的友谊虽建立在个人交往基础上，但又超越了个人情感，成为中国现代文学从封闭走向开放、从本土走向国际的历史缩影。它不仅促进了中美文学的早期对话，更通过具体的交往实践，为中国文学的国际化提供了方法论启示，推动了一代作家国际视野的形成。这种跨文化友谊的价值，最终沉淀在文学交流的制度建设、创作题材的拓展以及中外文学共同体的构建之中，成为中国现代文学史上不可忽视的文化遗产。

---

[8] 丁玲：《中国周末——我看到的美国之十》，《丁玲全集》第 6 卷，河北人民出版社，2001 年版，第 192 页。

[9] 丁玲：《致聂华苓》，《丁玲全集》第 12 卷，河北人民出版社，2001 年版，第 251 页。

丁玲吊唁电函背后的文化史诗与跨国情谊

日本国东京都日中友好协会全国本部:

惊悉三好一先生病逝,不胜悲痛,谨电吊唁,并请转告三好绫子女士希珍重节哀。丁玲

1981.8.24

三好一先生曾经翻译,三好绫子夫人发行拙著《太阳照在桑干河上》帮助日本人民,了解中国。

每当忆及你们为中日两国文化交流所作的努力和贡献,我心中总是充满感激之情,请接受我的敬意。

专此致

敬礼!

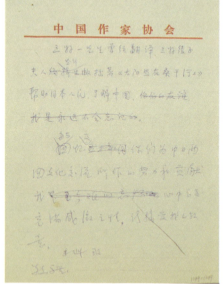

1981 年 8 月 24 日丁玲给日本友人电函手稿

1981 年的早春，一封自北京飞往东京的吊唁电函，在东海之滨架起了一座无形的情感桥梁。这封承载着丁玲深切哀思的文字，不仅见证着两位文化使者的生死之交，更铭刻着中日文学交流史上一个动人心魄的篇章。

　　当三好一夫妇[1]的案头堆满《太阳照在桑干河上》的手稿时，东京的樱花正悄然绽放。这对在日本翻译、出版领域的伉俪深知，他们正在进行的不仅是一次语言转换，更是一场文化的破冰之旅。三好一在翻译过程中先逐句直译保留原味，再以文学性表达重塑意境。为了准确还原"桑干河畔的泥土气息"，他专程赴山西大同考察风土人情[2]；夫人三好绫子为出版《太阳照在桑干河上》日文本，不辞辛苦地奔波于东京各大书局。这种近乎偏执的匠人精神，让日文版《太陽は桑乾河を照らす》终于问世。

　　丁玲在北平收到样书和信件时，摩挲着封面的指尖微微发颤。她连夜托人翻译信件，复信三好一夫妇并相约见面[3]。这份惺惺相惜的情谊，在 1981 年三好一病逝时化作字字泣血的悼文。电函中"每当忆及你们为中日两国文化交流所作的努力和贡献，我心中总是充满感激之情"的话语，不仅饱含着对逝者的真挚情感，更暗含着对特殊年代文化使者的深切理解——在意识形态的坚冰尚未消融的年代，他们用文学搭建的桥梁，比外交辞令更具穿透力。

　　这份电函的价值早已超越私人悼念的范畴。从文学传播维度看，它标志着中国现当代文学真正实现"走出去"的战略转型；在外交文化层面，则开创了"以文会友"的新型外交模式，构成了中日文化交流史的情感坐标。

　　当我们在全球化的今天重读这段往事，更能体会其中蕴含的文化

---

[1] 三好一先生和三好绫子都是多年从事中日友好事业的知名人士，当年因病在北京疗养。三好绫子是《太阳照在桑干河上》日文本出版人。

[2] 据大同市地方志编纂委员会《大同文化志》（1989）记载，三好一曾于 1979 年 8 月考察桑干河流域。

[3] 王增如、李向东：《丁玲年谱长编》，天津人民出版社，2006 年，第 542-543 页。

密码：真正的文化交流，从来不是简单的文本置换，而是灵魂的相互照亮。三好一夫妇在字斟句酌间传递的中国形象，丁玲在悼文中寄托的国际情怀，共同编织成跨越时空的精神图谱。这份诞生于特殊年代的文化契约，至今仍在提醒我们：文学，始终是人类最温暖的外交辞令。

从丁玲致作协党组信手稿看历史与文学的交织

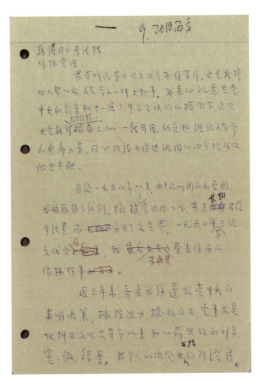

1979年丁玲关于恢复名誉事致张僖并转作协
党组亲笔信手稿

张僖同志并请转

作协党组：

　　最近听说第四次文代会即将举行，这是粉碎四人帮以后文艺界的一件大好事。我衷心祝愿在党中央的领导和十一届三中全会决议的指引下，这次大会能够总结经验，振奋人心，一新耳目，动员和组织文艺界的全部力量，同心同德为促进祖国的四个现代化做出贡献。

　　自从一九五八年以来，由于众所周知的原因，我被取消了级别，撤销了党内外工作，甚至长期不给生活费而离开了文艺界。一九六〇年第三次文代会后，我不再是原来保留的作协理事。

近三年来，各条战线遵照党中央的英明决策，排除阻力，拨乱反正，实事求是地纠正文化大革命以来和以前出现的许多冤、假、错案。我个人的问题也开始得到澄清。今年五月初，作协复查办公室经过复查，认为一九五五年丁玲、陈企霞反党集团的结论不能成立；一九五八年把我定为右派属于错划；所谓历史问题不是敌我问题，不能成为划右派的根据；决定恢复我的党籍，恢复原有级别。对于这个复查结论，除历史部分我保留自己的意见外，其余部分虽然还有意见，但为了顾全大局，我在结论上签了字。今年六月，感谢党中央的安排，我参加了五届二次政协会议，而且能够发表文章。

但我的党的组织生活，至今没有恢复；我的生活费，至今仍按一九七五年四人帮掌权、释放出狱时的规定，每月八十元由山西长治按月寄来；我的户籍仍在长治农村老顶山公社。而且按照我们党的一贯传统和政策规定，全错全纠，在多大范围内搞错的，在多大范围内平反，这里确实还有许多应做的事而没有做。因此，我不能不考虑，即使我有幸得到了参加这届文代会的资格，但过去强加于我，而且连篇累牍公开散布的错误结论没有公开撤销，一些不实之词没有推倒，没有恢复历史的真正面目，没有恢复组织生活，没有恢复政治名誉，我只是由"大右派"进而为"摘帽右派"、"改正右派"，以这样的身份，以类似得到宽大处理的战俘身份去参与文代会，除了证明落实党的政策受到了阻碍，纠正历史的错误不彻底，不及时，不得力外，对党，对文代会议，对工作能有什么益处，能起什么积极作用呢？

为此我曾在六月下旬，写信给你们，希望早日落实政策，及时恢复组织生活，使我能像五十年代的两次文代会那样，以正常的共产党员的身份参与会议。但可惜没有答到答复。

现在再一次向你们汇报并提出，请予指示。

敬礼！

丁玲 九月廿日

44

在丁玲纪念馆的珍贵馆藏中，这封 1979 年 9 月 20 日，丁玲书写的亲笔信手稿静默地见证着历史的沉浮。这封致张僖并转作协党组的申诉信函，不仅是个体知识分子在时代浪潮中寻求正名的生命轨迹，更是新中国文艺政策变迁的微观史鉴。信笺上蓝色笔迹中的红色划痕，宛如一把钥匙，打开了通往那个特殊时代的大门，让我们得以一窥丁玲的心路历程，感受时代浪潮下个体命运的跌宕起伏。

作为中国现代文学史上极具标志性的作家，丁玲的创作生涯始终与革命进程紧密缠绕。早期以《莎菲女士的日记》的现代主义笔触震动文坛，1930 年代转向左翼文学后，《韦护》等作品开创了革命知识分子形象塑造的新范式[1]。在担任左联党团书记期间，她以《北斗》为阵地推动了左翼文学的发展。1936 年奔赴延安后，其《我在霞村的时候》等作品既保持了知识分子的批判视角，又呈现出与革命话语的深度对话[2]。这种创作特质，注定了她日后在政治运动中的特殊境遇。

1955 年"丁陈反党集团"事件的爆发，使这位曾被誉为"革命作家典范"的知识分子骤然跌落。从中国作家协会副主席到北大荒农场劳动改造的"右派分子"，从《太阳照在桑干河上》的作者到文学史叙述中的"失踪者"[3]，丁玲的个体命运折射出新中国文艺体制的深刻悖论。信中详述的遭遇——被取消了级别，撤销了党内外工作，甚至长期不给生活费而离开了文艺界——这些行政程序背后的制度性暴力，实则是特殊历史时期知识分子改造工程的具象呈现[4]。在那段漫长的岁月里，丁玲承受着身体与精神的双重折磨，却始终坚守着内心的信念。

好在时代的巨轮开始转向，各条战线积极落实党中央的决策，平

[1]徐秀慧：《中国知识分子革命实践的路径——从韦护形象与丁玲的瞿秋白论谈起》，《二十世纪中国革命与丁玲精神史——第十二次国际丁玲学术研讨会论文集》，清华大学出版社，2017 年，第 36 页。
[2]欧秀岚：《试论丁玲女性思想在延安时期的升华与停滞》，《丁玲与延安——第八次丁玲文学创作国际研讨会论文集》，陕西人民教育出版社，2001 年，第 246 页。
[3]洪子诚：《中国当代文学史》，北京大学出版社，1999 年，第 44 页。
[4]李洁非、杨劼：《解读延安》，当代中国出版社，2010 年，第 289 页。

反冤假错案。丁玲的个人问题也迎来了转机。1979年5月，作协复查办公室的结论，让她看到了重见天日的希望。尽管作协复查办公室已确认其右派身份系错划，但信中所述"组织生活至今没有恢复""户籍仍在长治农村老顶山公社""错误结论没有公开撤销"等细节，又暴露出平反进程中的多重复杂性与深层矛盾。这种政策落实的迟滞性，既源于当时体制中的各种问题，也暗含领导层对相关"历史问题"的暧昧态度。丁玲坚持要求"恢复政治名誉"的诉求，本质上是对革命话语体系内知识分子身份合法性的重建。这一诉求体现了她作为革命知识分子，在经历政治运动冲击后，通过平反程序重新确认自身在革命叙事中的主体地位与价值合法性。其核心在于通过政治权威的正式承认，修复被历史错误割裂的身份认同与革命资格。

从文献研究的角度审视，这封手稿的价值远超个人申诉范畴。字里行间隐含的"革命伦理"与"个体权利"的张力，为理解新中国文艺政策演变提供了关键依据。信中对第四次文代会参会资格的考量，折射出政治身份在文艺场域中的合法性确定作用。而丁玲坚持要求公开平反的诉求，既揭示了特殊历史时期"组织结论"与"社会名誉"之间的微妙界限，也让我们感受到了个体在时代浪潮下的渺小与坚韧。丁玲的遭遇，是无数蒙冤知识分子的缩影，他们在历史的洪流中挣扎，渴望得到公正的对待，渴望重回自己热爱的事业。

作为20世纪中国知识分子命运的特殊样本，丁玲的申诉信手稿构成了一部微观的精神史诗。它不仅记录着个体与体制的对话轨迹，更映射出革命现代性进程中文学与政治的复杂纠缠。当泛黄的信纸在纪念馆展柜中静默陈列，那些力透纸背的字迹仍在叩问：在历史转折的裂缝中，知识分子的主体性如何安放？文学的真实性又该如何在政治与艺术的张力场域中寻找平衡？这些追问，至今仍在当代文坛回响。

文学之镜中的爱情：一场关乎灵魂的对话

1980 年丁玲为《萌芽》杂志所写《恋爱与文艺创作》手稿 (缺前 2 页)

"……红楼梦，梁山伯与祝英台……都是这样。

这些作品的艺术性是高超的。思想是解放的，它反映了我们古代封建社会中的恋爱不自由，婚姻不自主，男女主人公都成了旧传统旧势力顽强搏斗的牺牲者。从这些作品中，我们能够领悟，恋爱不能脱离时代，不能脱离社会，也不能不具备思想。不管作者愿意不愿意，他的作品，他在作品中刻画的人物，不是代表那个时代的进步面，就一定是代表那个时代的落后面。如果作品里面没有热烈的感情，没有崇高的理想，那个作品（也算是作品的话），总是无力的，经不起时间的考验的。

回顾建国以来，在我们的文艺作品里，有过一点点爱情的描写，但我们常常感到不满足。那些作品中的恋爱，男女双方，大都是在生产、或工作中互相认识了，一个是劳模，或者两个人都是。认识以后，彼此产生了好感，你送我一个笔记本，写几句鼓历（励）的话；我赠你一支钢笔，说几句爱慕的话。以后发生了一点点小误会，闹一点小矛盾，经过一点曲折，最后误会澄清了，两个人便又和好如初了。到十年动乱时，文艺遭劫，像人们所形容的，"八亿人民，一个作家"，"鲁迅走在'金光大道'上"，作品里不再写恋爱了，但凡主角都是独身。即使有幸成婚了，就让一个死去、或者让一个当兵去了，开会去了，总之，取消了家庭生活，夫妻感情，作品中的中国人都成了一心为公，没有什么个人生活情趣的圣僧高尼。

这自然都是假象，现实生活中到处都在上演各种各样的悲喜剧。特别是十年大动乱中的悲欢离合，生离死别，把各种人物的心曲，美的，丑的，崇高的，庸俗的、可歌可泣的、令人作呕的精神世界都暴露得淋漓尽致。现在来写恋爱，是不会缺少材料的，而且可以写出非常生动、深刻、缠绵悱恻、慷慨悲歌的乐章。我们喜欢读到这样的作品，希望能有这样醉人、动人，给人以温暖、以安慰，而且是非常充实、健康，既是最高的享受，又是使人滋生爱情，振奋人心的好作品。

的确，粉碎四人帮以来，写恋爱的作品，慢慢多起来了。有的反对谈恋爱讲排场，要彩礼，要东西、什么衣柜、沙发多少多少条腿的……；也有的批评讲恋爱找对象追求权门子弟，或有门路干部的子女等等的市侩丑象；这是读者欢迎的。但现在的恋爱作品，人们喜欢写的好象都是一见倾心，爱之若狂，于是在海滨追逐，一个前边跑，另一个后边追，花前月下溪水边，拥抱，亲吻。男性必着紧身衣，喇叭裤，长头发；女的则一会儿短衫，袒胸露臂，一会儿长裙曳地，忸怩作态，时人讽之为时装展览。这种人物，这群组象可能不完全是作者凭空虚构的。我们社会上有这样的人。但我以为他们不是普通人，也不为普通人所向往，而只是那些作者自己思想上的趣味上的爱好，是作者自己羡慕，欣赏的人物和情调。艺术作品中描写的人物，自然是集中了的、典型化了的，他们不一定是真人，但他们代表着许多人，在读者看来，他们就象真人，他们的行为，使广大读者感到真实亲切。我很奇怪，我们从现在的一些作品中、电视、小说，电影里为什么常常会看到那末一些并不为广大群众所熟悉，而只是极少数人喜爱的那末一些油头粉面，洋场阿飞之流的青年男女呢？这样的人物，我肯定在我们社会里极少数。在我们的作品里也可能只占极少数。我看作品不多，但却常常碰到这样的人。我以为，我们写恋爱，一定要写恋爱中的人，如果我们的主人公除了爱慕一个美男美女之外，对社会、对人生都一无所思，没有鉴别、没有批判，无所爱，无所恨，那末，他（或她）所爱的只是一个表面上的美的、诱人的异性而已。这种爱，我们在动物中是常见的。小猫小狗不都是欢乐无限的在两相追逐吗？到这里挨挨擦擦，到那里又闻闻嗅嗅吗？这是没有深意的。读者要看的是人、是人的心灵深处，为什么而乐，为什么而悲，个人的哀乐与社会发生什么关系，于我们自己又有什么联系。作品要鸣，而我们读者能与之共鸣。作品打中了一个时代、一个社会的要害，激起了广大读者内心的波涛，这样的恋爱描写才能动人心魄，才有社会意义。

是的，一个年青人，一伙年青人，有那末几个，对现实社会不满，缺乏信心，感到空虚，什么社会主义，共产主义、理想都是说来好听的。

他们不相信虚伪的宣传，不爱听空洞的好话，不理睬那些好听的不准备实行的诺言。那末，人生怎么办呢？看破红尘，及时行乐吧。可是我们国家没有资本主义发达国家那末多的灯红酒绿纸醉金迷的夜总会；我们口袋里也缺少纸币。但是我们可以找"朋友"，找"志同道合"的朋友。这个"志同道合"不是建立在民族事业上，不是在人生的征途上有什么共同的奋斗目标，也不想寻求一个在任何艰难险阻的困境中能够互相砥砺的战友，而只是共同享受那种轻浮的短暂的相依相偎，互相发泄粗野的胡搅蛮缠。只要是一个差不多看得过去的对手，就把对方当做一个理想的骑士，梦幻的爱神，得醉且醉，有了今天，不顾明天，或者今天欢笑，明天饮泪，……把这些形之笔墨，作为解放思想、反映现实生活的标帜，作为控诉性苦闷讴歌性开放的宣言书，……这样把从外国垃圾堆里捡来的破烂当着时鲜货，在中国实际是古以有之的。中国最早的石塑和绘画即有春宫，小说上也有专门描写性行为的章节，三十年代上海滩上的春宫照片，电影（外来货）等小说这类货色充斥十里洋场。

现在我们并不反对科学上的研究剖析，也不认为每件这样的作品都是黄色的，更不是说每个人都没有性的要求。但一个作家，人类灵魂的工程师去描写恋爱的时候，我们实在希望看到溶入恋爱之中的是人的精神上的东西，是人的美好的希望，坚韧的意志。我们喜欢看到人在恋爱中有所升华，有所提高，从而使自己充满活力，为崇高的事业去奋斗献身。我们不希望看到在裸露的肉体活动中的，只是一颗虚无的徜徉飘荡的心灵。新的一代，要健康，要进取，不要感伤、颓废、沉沦。新的一代青年，要雄心勃勃，在建设社会主义的进程中，创造出更加美好的、更加自由的新生活。新的一代青年要享有真正幸福的，健康的恋爱生活。我们的文学作品要努力帮助青年同志达到思想纯真，要爱得真诚，爱得坚定，要勇敢，却更要严肃。恋爱是火，火是不能随便玩的。自然，文艺作品不是教科书。青年人也很容易受许多其它方面的影响，好的、坏的都有。我们应该相信，青年本身自有鉴别批评能力，也自有消毒的本领，作为一个作者，应该首先使自己抒发的感情，会比生活中常见的庸俗、虚无、腐化要迥然不同，要有提高。要抓取现实生活中比较进步的，高尚的，健康的更能代表大多数人的生活来写，那就更为典型，也更现实了。

我临时有感，就谈这些。不知是否能供某些作家、某些青年朋友作为写作和生活的参考。

1980.11.17.

于北京

给上海《萌芽》"

1980 年深秋，丁玲在北京寓所伏案疾书的这八页书信手稿，如同穿越时空的灯塔，将新中国文艺创作中的爱情叙事置于文明演进的长河中进行审视。八页信纸虽缺首页，却完整保留了这位文坛巨匠对文艺创作的真知灼见。当我们将这份手稿置于当代中国文学发展的长河中，会发现其中蕴含的不仅是关于爱情书写的文化反思，更折射出文学创作中永恒的精神命题：在物质与精神的天平上，在表象与本质的辩证中，在媚俗与崇高的抉择里，文学究竟应该承载怎样的使命？

一、古典爱情的现代回响

《红楼梦》里黛玉葬花的凄美，梁山伯与祝英台化蝶的悲怆，这些古典爱情悲剧之所以能够跨越时空震撼人心，正在于它们将个体的情感命运与时代的文化基因熔铸为一。贾宝玉与林黛玉的爱情困局，本质上是封建礼教对人性的绞杀；梁祝的生死相随，则是门第观念对真情的碾压。这些作品中的爱情从来都不是单纯的男欢女爱，而是承载着文化密码的精神史诗。

丁玲敏锐地指出，古典爱情悲剧的深刻性源于其"恋爱不能脱离时代"的创作自觉。这种自觉在当代某些爱情书写中却日渐式微。当作家将目光局限在时装展览般的表象追逐，当爱情沦为海滨追逐的肤浅符号，当创作沦为感官刺激的载体，文学便失去了穿透表象、叩击灵魂的力量。这种创作倾向与古典传统形成了鲜明对比，暴露出精神贫血的危机。

二、爱情书写的灵魂维度

在丁玲的文学观照中，真正的爱情书写应当成为透视人性的棱镜[1]。她所忧虑的不仅是那些"油头粉面"的皮相之爱，更是作品中精神维度的缺失。当爱情沦为"小猫小狗"式的本能追逐，当人物只剩下"挨挨擦擦"的动物性本能，文学便从精神的殿堂跌落至感官的泥潭。

这种批判在今天更具现实意义。当网络文学中充斥着"霸道总裁"的幻想叙事，当影视剧沉迷于"甜宠"的虚幻泡沫，丁玲所强调的"人的心灵深处"的探索显得尤为珍贵。真正的爱情书写应当像《伤逝》那样，在个人悲欢中照见时代病症；应当如《平凡的世界》般，在情感纠葛里折射社会变迁。

三、文学使命的精神重构

丁玲将作家定位为"人类灵魂的工程师"[2]，这并非空洞的口号，而是对文学本质的深刻认知。她所期待的爱情书写，是能让读者在共鸣中"滋生爱情，振奋人心"的精神火种。这种创作理念要求作家既要有直面现实的勇气，又要具备超越表象的洞见。

这种文学使命在当下显得尤为紧迫。在消费主义狂潮中，在流量至上的创作生态里，丁玲所倡导的"思想纯真、爱得真诚"的创作态度，恰似一剂清醒剂。当我们在《人世间》里看到周秉昆与郑娟相濡以沫的深情，在《三体》中体味云天明跨越星河的执着，就能理解真正动人的爱情书写，永远关乎灵魂的对话与精神的成长。

站在新的历史方位回望丁玲的文学思考，我们愈发清晰地看到：爱情书写从来都不是风花雪月的装饰，而是丈量时代精神的标尺。当

---

[1] 丁玲：《恋爱与文艺创作》，《丁玲全集》第8卷，河北人民出版社，2001年，第139页。

[2] 丁玲：《苏联文学在中国》，《丁玲全集》第7卷，河北人民出版社，2001年，第284页。

文学能够穿透爱情的镜像，照见人性的深度、社会的肌理、时代的脉动，那些在文字间流淌的情感，才能真正成为滋养灵魂的甘泉。在全球化与数字文明双重冲击的今天，丁玲关于爱情书写的文化反思，为我们提供了破解后现代情感困境的密钥。当算法推送取代心灵共鸣，当虚拟社交消解真实情感，这份手稿提醒我们：真正的文学永远是对人类精神家园的守望，是在文明长河中打捞永恒的人性之光。丁玲的墨迹不仅属于 1980 年代，更指向所有面临文化转型困惑的时代，它见证着中国作家在现代化进程中守护精神价值的永恒努力。

丁玲致丁玲研讨会书信手稿中的文学坚守

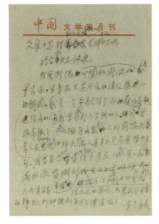

1985 年丁玲致丁玲研讨会筹备组全体同志信手稿

文采同志转联络组、筹备组以及全体与会的同志们：

祝各位同志健康。

我用惭愧和感激的心情遥望大连，望着在大连开会的诸位热心的朋友们。

我曾是被打入另册的人。我在社会上曾非常孤立但却又拥有多数善良人的感情；我常常在一些仇恨的眼光中挣扎，但却又基本上是在爱情中生长。我是一个贡献很少、而获得却很多的人。我曾有过慨叹，叹息自己生不逢辰，但却又实实在在满怀激情，幸福地感到压在双肩上的重任。我常想，一个人如果没有被压迫的感觉，如果没有必要的挣扎，那种轻松有什么价值呢？人有过痛苦，要蔑视它，痛定思痛，要排除它，决不能为痛苦所影响而迷失方向。我坚信现实生活，总是向好处走的。既（即）使偶然又走了岔道，躯体即使被粉碎了，腐烂了，在废墟上仍将有健康的新苗萌芽生长。要像革命战士那样，坚守阵地，既（即）使剩下自己一个人也要坚持战斗下去。要有乐观的气魄，但决不是盲目乐观。盲目就容易轻飘飘，容易浮，也就容易脆弱，容易动摇。而我们却要有泰山压顶不弯腰的精神！

我不知道在这次会上你们将谈些什么。我一直勉励自己，听到好话不骄傲，听到批评也应从各方面考虑，虚心学习才是。我以为凡事都要向远处看，而站得高才能看得远；没有个人顾虑才能得益。

你们是观察世界，以评说历史，推动未来的人，你们是真正有知识的人，我尊重你们，为社会主义现实主义文学的发展而尊敬你们。希望你们不断地学习，为祖国文学事业的健康发展而斗争前进！

最近我住了两个月的医院，现在虽已出院，但医生仍嘱咐我注意休息。因此，这次我不能来参加你们的盛会，十分遗憾。我一定争取明年参加你们的会。

谨向主办和支持会议的省文联、作协、大连市文联、辽宁师大、公安大学致谢。

丁玲 1985.9.16

在中国现当代文学史的星空中，丁玲始终是那颗轨迹最为跌宕的星辰。1985年秋日，81岁的丁玲在三页信笺上写就的这封致研讨会信函，不仅记录着一位文学巨匠的暮年心境，更镌刻着二十世纪中国知识分子精神史的深层密码。当泛黄的信纸在丁玲纪念馆的展柜中静默无言，那些力透纸背的字迹仍在诉说着关于文学、历史与生命的永恒对话。

一、病榻上的精神守望

信中"住院两个月"的简略陈述，掩盖着丁玲晚年真实的健康危机。此时的她，糖尿病、肾病、白内障等疾病缠身[1]，右手因类风湿关节炎几近丧失书写能力。但信笺上刚劲的笔迹却打破了病痛想象——这位用左手重新练习书写的老人[2]，在字里行间保持着惊人的精神力度。"泰

---

[1]王增如、李向东：《丁玲年谱长编》，天津人民出版社，2006年，第812页。
[2]王增如、李向东：《丁玲年谱长编》，天津人民出版社，2006年，第547页。

山压顶不弯腰"的宣言，恰是她在五次大手术、二十余年流放生涯中锤炼出的生命哲学。病床与书桌的重叠空间里，丁玲将肉体痛楚转化为精神淬火的熔炉。

身体的囚困与精神的自由形成奇妙张力。信中"遥望大连"的意象，既是物理空间的距离，更是精神视野的超越。当病痛限制着现实行动，她的思想却在历史长河中自由穿行。这种"病体中的超越性"，构成了丁玲晚年独特的生命状态：衰朽的躯体包裹着不灭的文学魂灵，医院的消毒水气味与北大荒的泥土气息在记忆中交织重生。

二、历史坐标中的文学重镇

作为左翼文学承前启后的关键人物，丁玲的历史地位在信中得以隐秘呈现。从《莎菲女士的日记》的个性苏醒到《太阳照在桑干河上》的现实主义叙事，她的创作轨迹本身就是半部中国现当代文学史。信中"社会主义现实主义文学"的坚持，在1980年代现代主义浪潮中显得"不合时宜"，却恰恰彰显了丁玲作为革命文学范式建构者的历史自觉。这种坚守，使她在新时期文学场域中成为独特的"历史中间物"[3]。

书信中"观察世界，评说历史"的文学定位，暗合着丁玲毕生的创作追求。从延安时期《三八节有感》的现实批判，到晚年《风雪人间》的历史反思，她始终将文学视为介入现实的利器。这种"文学即战斗"的认知，使她的作品超越审美范畴，成为二十世纪中国社会变革的精神镜像。信中提及的"公安大学"，恰似历史留下的隐秘注脚，暗示着文学与政治间永恒的张力。

三、手稿研究的学术富矿

这封书信在丁玲研究中具有独特的文献价值。作为作家复出后重要的思想自述，它填补了1980年代丁玲创作研究的空白。与同期《牛棚小品》等作品对读，可见其公共表述与私人写作的微妙差异：信中革命话语的延续，与回忆录中的创伤叙事形成复调对话，为研究者提

---

[3] 李陀：《丁玲不简单——革命时期的知识分子在话语生产中的复杂角色》，《北京文学》杂志，1998年第7期。

供了破解丁玲晚年思想矛盾的密钥。

在物质文本层面，信笺上修改的墨迹成为珍贵的研究素材。某段删去的"我这双写过《水》的手"，暗示着作家对创作生命的眷恋；"公安大学"称谓从"同志"到正式名称的改动，折射出特殊历史记忆的在场。这些细节构成文本的第二重叙事，使手稿成为可以触摸的思想现场。

四、穿越时空的精神馈赠

在当下的语境中重读此信，丁玲的文学观显现出惊人的当代性。"没有个人顾虑才能得益"的创作理念，恰是对当下功利写作的清醒反拨；"健康的新苗"隐喻，在文化消费主义盛行的今天，提示着文学应有的精神培力功能。她的经历证明：真正的文学从来不是轻飘飘的风花雪月，而是扎根大地的精神之树。

信中"泰山压顶不弯腰的精神"，为当代知识者提供了重要启示。当"躺平""内卷"成为时代关键词，丁玲用生命书写的"挣扎哲学"彰显着知识分子的精神重量。她证明：真正的文学尊严，不在于回避历史的沉重，而在于将个体命运熔铸为民族的精神史诗。

这封诞生于改革初期的书信，如今已成为丈量中国文学精神海拔的重要界碑。当我们的手指隔着展柜玻璃描摹那些苍劲的字迹，触摸到的不只是纸墨的温度，更是一个时代的精神体温。丁玲用病躯守护的文学信念，恰似她笔下桑干河水的永恒流淌，在历史的长河中，持续浇灌着中国文学的精神绿洲。

丁玲致青年书信：一盏穿透时代迷雾的精神明灯

1982 年丁玲致兰州铁道学院学生亲笔信

兰州铁道学院

xx 同志：

　　你的来信，我反复读了好几遍，放在案头也有一个星期了。每天我都想提笔复你，可是，因为你的来信引起了我许多思索，我一时不知该如何才能把要说的话说得清楚。一九七九年，我曾收到山东（河北）秦皇岛一个女青年的来信，她深情地向我倾诉了她的一颗伤透了的心。她说她想死，但她又不能死，她怕她母亲难过和受到牵连。她这封信使我非常不安。我每天都想着复她，但又不知如何才能对她有帮助。一天拖一天，后来那封来信也不知被谁在清理东西时给我弄丢了，那时我刚回京不久，住在宾馆里。这件事我一直耿耿于怀，因为没有复她的信而成了一件憾事。因此，现在我不能再延误了。我一定要复你，而且请你原谅，我没有征得你的同意便把你的来信和我的回信都公开发表。

首先我要说，你的心不是冷漠的，你给我写信，把你的意见讲出来，我就认为不是冷漠。不只是你，我从很多青年人的苦闷中感到他们对生活原来是多么充满着希望，只是由于周围的现实常常会刺伤他们，使他们犹疑、怅惘、反感、寂寞，渐渐灰心、颓伤，产生了空虚感。自然，这只是一部分人，只是一部分人中的一时现象。

难道我们这些老一代的人就认为我们的现实社会一切都好，好得了不得了吗？我们的思想里就再不会偶尔也产生一丝的消极或失望的感触吗？我们不过是因为年令大一些，经历丰富一些，知道的多一些，受的也多一些。但主要的是我们早期受到马列主义思想的教育，有一个坚定不移的理想和必胜的信念。我们常常依靠它来克服自己思想中偶尔出现的、一刹那的对于艰难险阻的屈服，满怀信心地去从事消灭黑暗、创造光明的工作。我们这些老人也都曾年青过，在青年时代，我们也有过各种各样的思想，经历过各种各样的实际生活，我们也有过苦闷，但我们对自己作斗争，对环境作斗争，尽力寻找人生的真谛，为着理想奋斗，不惜牺牲自己。现在，我们这一代作家，应该懂得现在的年青人，同情他们，同他们作朋友，给他们以温暖，写他们的苦闷，同时又要激励他们，使他们有勇气战斗，帮助他们建立、巩固、坚持一个高尚的为人民服务的信念和情操，引导他们学习、探索，比较，和我们一起，培养社会主义社会的新的道德品格。我们无论如何对青年人不能简单的一意苛求，而忘记了自己幼年时代走过来的路子。

你信中对我的意见，我并不在意。我感到自己没有为年青人在思想上站好岗，我很惭愧。回顾我最近几年来发表的文章，态度是一贯的，观点也是明确的，可能还不够尖锐，缺少力量，影响不大。但可说这都是我的由衷之言，不是作投机买卖。你说我文章生不逢时，的确，几年来我还没有学会盲目跟风，一味投某些人的嗜好。对我的文章赞成者有之，口里不说、心中不以为然的也有之。有些报纸杂志要我的文章，也有的报纸杂志不欢迎我的文章，我以为这都是正常的。

现在你说报纸杂志转了一百八十度的弯，我也跟风，使你失望。我以为你了解得不够，但我不想解释了。

你对杂志刊物的意见，我认为值得注意。我们有一些在文艺岗位上工作的同志，一会儿大张旗鼓竞谈"自由""解放"，一会儿瞻前顾后，怕字当头。一会儿跟着一部分读者跑，洋洋自得；一会儿又站在另一边，以一贯正确自居，但对某现不良现象，束手束脚，既不敢理直气壮地指出错误，又没有勇气作必要的自我批评。心中无主，不花脑筋，不总结经验，遇到问题绕着走，消极应付，甚至文过饰非，这种现象是有过的，在思想战线问题座谈会后，虽有所改善，但我认为还应该彻底改正。

另外，你对一些作家的意见，我认为很好。你信上说的那些怪现象，如写纯性爱，什么女儿爱上母亲的情人等等，我曾听到有人谈及过。可以说这真是作家的堕落。作家应该对读者负责任，对青年负责任。不能认为表现自己的灰暗情绪和下流趣味是自己的自由。近年来社会上出现了一小股盲目崇拜西方资本主义腐朽生活方式的思潮，这种思潮的实质就是极端的个人主义，尔虞我诈，尽情享受，是同社会主义集体主义相抵触的。这种现象不能说只是由于少数作家的作品的影响产生的。有的读者，甚至还有根本不读书的人，在十年动乱中，就深受毒害，喜欢无政府无纪律、浪漫、疯狂、歇斯蒂（底）理。有些作家脚跟不稳，受到这种思潮的影响，一方面是迎合读者，一方面也是心有同好。有些地方还为这些作品开绿灯。这种现象对于我们正在推近（进）的社会主义精神文明是严重的障碍和危害。我们文学艺术工作者应该深入人民生活，以我们的艺术创作，和全国人民一起，反对、扫除这种有毒的思潮。我们有很多作家写了不少的好作品，对人民群众起了教育作用，受到人民的赞扬。但也有个别人写过一些有缺点、有错误，甚或是偏离了大方向的作品，这是不能完全避免的。这样的人原来对祖国对人民也是充满着热爱，只是象社会上某些人一样，受到一点点挫折，容易消沉，认为对现实生活应该多点针砭，他们也是流着眼泪来写自己的作品的，他们希望自己的作品能起积极作用。我们应该理解这一点。他们作品中出现的缺点、错误，和他们创作中的问题，和那些崇洋的腐朽的思潮是不相同的。

从你的来信里，我觉得你的思想似乎也有些混乱。但不要紧，只要你多读书，多思考，从国家人民利益去看问题，勉励自己，和周围同志们多交谈，慢慢地思想会明朗起来，正确的人生观可以建立，心情可以舒畅，人也就坚强起来，充实起来。希望你努力。

我的这些意见不一定对你有什么帮助，不过，我如不复你却会使我不安的。谨此祝好！

丁玲 1982.4.4 日。

这封写于 1982 年 4 月 4 日的书信，是作家丁玲与青年知识分子的对话实录，更是改革开放初期中国思想文化界的精神切片。透过这封书信，我们得以触摸时代转型期知识分子的精神脉动，见证老一辈作家在社会裂变的阵痛中坚守的文化担当。

一、书信中的时代镜像

在改革开放初期的 1982 年，中国社会正处于思想解放与文化反思的激荡期。信中提到的"写纯性爱""女儿爱上母亲的情人"等文学现象，恰是西方现代派文学思潮涌入的投影。丁玲以"作家的堕落"直指当时文坛的浮躁之风，这种批判背后，是 80 年代"伤痕文学"与"现代派"的激烈碰撞[1]。她将"盲目崇拜西方资本主义腐朽生活方式"的思潮比作"极端个人主义"的毒瘤，折射出转型期意识形态领域内，传统与现代、本土与外来观念激烈碰撞、多元交织的复杂图景。

---

[1]许子东:《为了忘却的集体记忆: 解读 50 篇文革小说》，生活·读书·新知三联书店，2000 年，第 72 页。

书信中反复出现的"苦闷""空虚""消沉"等字眼，勾勒出特定历史时期青年的精神状态。当丁玲提及1979年秦皇岛女青年的来信时，我们仿佛看见改革开放初期青年群体在理想与现实夹缝中的集体迷茫。这种精神困境既是十年动乱的后遗症，也是社会转型期的必然阵痛。

二、知识分子的精神坐标

丁玲在信中展现出"五四"知识分子的精神传承。她强调"坚定不移的理想和必胜的信念"，这种话语体系延续着延安文艺座谈会的精神血脉[2]。作为经历过革命淬炼的老作家，她将"马列主义思想教育"视为对抗精神危机的武器，这种立场既包含着对革命传统的坚守，也暗含着对新时代文化建构的思考。

面对文学创作的困境，丁玲提出了"双重责任论"：既要"写苦闷"，又要"给温暖"。这种辩证思维突破了非此即彼的二元对立，在揭露社会阴暗面与弘扬主流价值之间寻找平衡点。她批评文艺工作者"心中无主"的摇摆态度，实质上是在呼唤文化创作的主体性回归。

书信中"培养社会主义社会新的道德品格"的呼唤，彰显出知识分子的文化自觉。丁玲将文学创作视为精神重建工程，这种认知超越了简单的文艺批判，直指民族文化心理结构的重塑。

三、书信文物的当代启示

这封书信作为改革开放初期的重要文化史料，其文献价值在于真实记录了思想解放进程中的观念交锋。信中提及的文艺界乱象与青年困惑，为研究80年代文化转型提供了生动案例。丁玲对"清除精神污染"的思考，更是理解当时文艺政策演变的关键注脚。

在当代青年精神成长的维度上，书信展现出超越时空的对话价值。丁玲建议青年"多读书、多思考、从国家人民利益看问题"，这种成长方法论对当下网络时代的青年依然适用。她强调的"正确人生观"

---

[2]丁玲：《漫谈文艺与政治的关系》，《丁玲全集》第8卷，河北人民出版社，2001年，第121–123页。

建构，恰与当今核心价值观教育形成历史呼应。

书信承载的精神遗产在新时代焕发新意。丁玲倡导的"与青年作朋友"的教育理念，对当前思想政治教育工作具有借鉴意义；她对文化创作的"责任意识"，为抵御历史虚无主义提供了思想资源；其"深入人民生活"的创作观，仍是文艺工作者需要秉持的根本遵循。

这封泛黄的书信穿越时空，依然跳动着炽热的文化脉搏。在展厅柔和的灯光下，那些力透纸背的字迹不仅记录着特定时代的思想对话，更铭刻着中国知识分子永恒的精神追求。当今天的读者驻足信前，依然能感受到字里行间流淌的文化温度，这正是文物书信超越物质形态的精神魅力。它提醒我们：在任何时代，知识分子的文化担当与精神引领，始终是照亮社会前行的重要明灯。

丁玲致楚拉基书信中的中苏文艺对话密码

1952年丁玲致苏联艺术工作代表团团长楚拉基的亲笔信

亲爱的楚拉基同志：

亲爱的艺术工作代表团同志：

让我以无可形容的热烈的心情问候你们旅途的健康！

中国人民是幸福的，他们看到了你们的演出。当我们正要整理我们艺术遗产而建设新的、人民的艺术的时候，你们到中国来了，你们将打开我们许多年老而保守的、年青而知识还狭窄的人们的眼界。摧毁两种心理，一种是瞧不起自己民族艺术的崇拜西洋的心理，一种是自满自足于固有的、破碎的、点点滴滴民间艺术，或者是封建的形式主义的心理。因此你们这次来的意义，一方面是扩大加强中苏友谊，而另一方面是你们在我们的文学艺术的发展途程上做了一件大事，不发表意见却又是最好的意见。这是我们希望的，怕希望不到，却又正是时候的做到了。我们是太高兴了，苏联太懂得我们了，太会帮助我们了！我们永久感谢你们。

我很难过，我不能亲自来欢迎你们，把我许多想向你们所说的话告诉你们。我很惭愧，我到苏联学习得太少了，而你们却给我们已极多！因为你们来我更怀念着莫斯科，克鲁吉亚，我怀念她们的时候就像想起我的故乡，而你们就是从我的故乡来的人。我多么热烈而难过的想着你们啊！

再说一声永远感谢你们！

再说一声希望你们永远健康！

苏联中国的艺术万岁！

> 丁玲 1952.12.24.
>
> 附送上一点小礼物。

1952 年 12 月 24 日，作家丁玲写给苏联艺术代表团团长楚拉基的这封亲笔信，既是一份见证"蜜月时期"中苏文化外交的珍贵文物，更是一把打开新中国文艺建设密码的钥匙。透过信笺上力透纸背的墨痕，我们得以窥见社会主义现实主义浪潮下的文化自觉、国际主义理想与现实政治语境的复杂交织。

一、国际主义语境下的文化镜像

丁玲在信中"摧毁两种心理"的论述，精准投射出新中国成立初期文艺界的双重焦虑。毛泽东《在延安文艺座谈会上的讲话》确立的"文艺为工农兵服务"原则[1]，在此刻遭遇着历史转型期的具体困境：一方面要破除"五四"以来知识界根深蒂固的西方崇拜，另一方面又需警惕传统艺术中封建糟粕的复归。苏联艺术代表团此时访华，恰如一剂良药，为新中国文艺工作者打开了新的视野。

---

[1]毛泽东：《在延安文艺座谈会上的讲话》，《解放日报》1943 年 10 月 19 日。

1950 年《中苏友好同盟互助条约》缔造的政治同盟[2]，在文化艺术领域具象为频繁的互访交流。据中国外交部档案馆《1951-1952 年中苏文化交流统计》显示，仅 1951-1952 年间，中苏互派文艺团体达 17 批次，北京、上海等地的苏联艺术展览参观人次突破百万。这种文化外交既是对"老大哥"模式的致敬，更是新生政权构建文化合法性的战略选择。

二、社会主义现实主义的中国化实践

丁玲在信中提出了一个深刻的文化命题：如何对待民族艺术与外来艺术的关系。她敏锐地指出，苏联艺术代表团的到来恰逢其时，正值新中国"整理艺术遗产而建设新的、人民的艺术"的关键时期。这种时机的契合，使得这次文化交流具有了特殊的历史意义。1951 年 5 月 5 日颁布的《政务院关于戏曲改革工作的指示》提出的"改戏、改人、改制"在信中转化为对"破碎的民间艺术"与"封建形式主义"的双重批判。而中国戏剧界在现代化进程中寻求文化主体性的实践也启示我们：文化交流的本质不是被动接受，而是通过创造性转化实现本土文化的再生与超越。

作为一位深谙文艺之道的作家，丁玲在信中关于苏联艺术代表团"不发表意见却又是最好的意见"的微妙表述，透露出文化交流中的权力话语。这种润物细无声的文化影响，正是文化交流的最高境界。她由衷感叹"苏联太懂得我们了，太会帮助我们了"，这句话道出了中苏文化交流的真谛——建立在相互理解基础上的真诚相助。苏联艺术家的现场示范，比任何理论说教更能塑造中国文艺工作者的审美范式。

三、知识分子的双重困境与话语策略

此时丁玲的个人处境颇具象征意味。作为《太阳照在桑干河上》的作者，她既是延安文艺路线的践行者，又因《三八节有感》等作品埋下厄运的导火索。信中反复出现的"惭愧""难过"等情感表达，

---

[2]《党史上的今天（2 月 14 日）》，《中国政府网》，2007 年 9 月 16 日。

与其说是谦辞，不如看作知识分子在政治规训下的自我规训。1952年正值文艺界整风学习运动时期，这种对苏联经验的绝对推崇，未尝不是一种政治安全的修辞策略。

值得注意的是，信中三次出现的"故乡"意象构建了独特的空间政治学。将莫斯科、克鲁吉亚比作精神原乡，这种情感投射不仅源于她早年在苏联的交流经历，更体现了社会主义阵营国家间特殊的情感纽带。这种情感建构，为冷战格局中的文化认同提供了诗学注脚。随信附赠的"小礼物"，虽未言明是何物，但必定承载着浓浓的情谊。

这封信件如同一面镜子，映照出新中国初期文艺发展的多个维度：如何处理传统与现代的关系，如何对待民族艺术与外来艺术，如何在文化交流中保持主体性。丁玲以其特有的敏锐与热情，为我们勾勒出一幅生动的文化图景。

七十年后的今天，重读这封信，我们依然能感受到那份跨越时空的文化热情。它提醒我们，文化交流需要真诚与智慧，需要在开放中保持自信，在借鉴中坚持创新。这或许就是这封书信留给我们最宝贵的精神遗产。

铁窗下的启蒙者：

丁玲1936年南京书简的精神突围

1936年丁玲在南京写给侄子蒋祖剑的抄件

丽生①：

　　我一点也没有忘记你，尤其是你第一次给我的印象，完全是一个不怕事、有勇气、能独立的小孩，我就最喜欢这样孩子。我不知道你现在变得怎样了，但相信一定还是一个强悍一个没有少爷气息的孩子。麟儿②有时貌似粗豪，其实感觉很纤细，他是很能懂事，却经不起挫折，如果同你小孩时相比，他比你有把握，却差许多真的那些含在骨子里的自强精神，而且他总有许多贵族脾气，那是一些最要不得的娇嫩。你近来念书念得怎样，三婆③告诉我你很能努力，我很高兴。我喜欢听到一些我喜欢过的人是不庸俗的。读书，加紧自己，世界上的问题是这样多，中国存亡是这样紧急，没有时间给青年人游荡了，扩大自己的宇宙和人生观，把许多责任都放在自己身上来。你要好好作人，而且要影响你的弟妹，你的同学。我送你一本《十年》④，有些科学画报，你可同麟弟看。他也是一个有特性的小孩,我希望你做他一个好哥哥,而他也不愧做你一个好弟弟。

四叔⑤离开南京半个多月了,不知为什么老接不到他的信,我很望他的信。因为他去的地方的住址我根本不记得,你的信也不能转去,等他有信来时,我便替你转去。

你们几姊妹可以同麟儿、妹妹⑥拍一张相寄来!

冰之 二十二日

1936 年南京的夏天异常闷热,被国民党当局秘密囚禁的丁玲在幽闭的寓所里,用笔尖划破令人窒息的空气。这封写给侄子蒋祖剑[1]的家书,看似寻常的絮语中,潜藏着一位左翼作家在政治高压下的精神突围密码[2]。当我们细读字里行间的双关隐喻,触摸那些刻意模糊的称谓背后涌动的暗流,便能在发黄的纸页间听见惊心动魄的时代回声。

一、幽禁岁月里的双重叙事

信中反复提及的"三婆""四叔"等称谓,构建起看似寻常的家族叙事网络。但在这种温情脉脉的家族话语下,丁玲精心编织着另一套革命密码。"科学画报"暗指马克思主义科学世界观[3],《十年》实为纪念开明书店成立十周年的专辑[4]。她以"贵族脾气"隐喻阶级局限,用"中国存亡"的危机意识唤醒青年觉醒。这种双重叙事策略,既规避了特务审查的锋芒,又在家族伦理的掩护下完成革命思想的传播。

在教导侄子"把责任放在自己身上"时,丁玲笔锋陡转:"世界

---

[1]蒋祖剑(小名丽生),丁玲堂兄蒋伯铭之子,当时住在湖南常德。1933 年丁玲被国民党秘密绑架,软禁在南京三年。这封信写于 1936 年逃离南京前夕的 7-9 月之间。
[2]1936 年,丁玲在南京虽获部分自由但仍处于软禁状态,参见王增如、李向东:《丁玲年谱长编》,天津人民出版社,2006 年,第 107-112 页。
[3]1930 年代左翼文化界常以"科学"代指马克思主义,参见王德威《写实主义小说的虚构》,复旦大学出版社,2011 年,第 156 页。
[4]《十年》是 1936 年 7 月出版,叶圣陶主编的纪念开明书店成立十周年的专辑,内收特约稿丁玲的短篇小说《一月二十三日》。

上的问题是这样多，中国存亡是这样紧急"。这种从个体到国家的意识升维，恰似她自身从"莎菲女士"到革命作家的精神蜕变。她将自身囚禁经历转化为精神淬炼，用"经得起挫折"的革命者品格，对抗着窗外密布的白色恐怖。

二、启蒙火炬的代际传递

信中建构的"理想青年"形象，实则是丁玲对革命接班人的期待。她赞赏侄子"含在骨子里的自强精神"，批评麟儿"贵族脾气"，这种对比暗含阶级意识的启蒙。要求青年"扩大宇宙观和人生观"，实则是号召他们超越个人主义，投身民族解放的洪流。这种教育已超越家族范畴，成为面向整个青年群体的精神召唤。

丁玲特意叮嘱"你们几姊妹可以同麟儿、妹妹拍一张相寄来"，这个细节暴露出幽禁中的精神孤岛对生命联结的渴望。在通信自由被剥夺的困境中，家族影像成为确认生命存在的精神图腾。她以母性视角构建革命共同体，将血缘亲情升华为同志情谊，在家族书简中完成革命伦理的重构。

三、历史褶皱中的精神遗存

这封家书最终穿越时空阻隔，成为解码 1930 年代左翼知识分子精神世界的珍贵切片。丁玲在信中展现的启蒙智慧，既有传统士大夫"家书训子"的文化基因，更闪耀着现代革命者的思想锋芒。她将马克思主义启蒙话语巧妙融入家族伦理，创造出独特的"革命家书"文体。

当我们在泛黄的信笺上触摸到"中国存亡"的墨迹，仍能感受到那个风雨如晦的年代里知识分子的精神体温。这种在囚禁中坚持启蒙、在黑暗中传递火种的精神姿态，构成了中国革命文学史上最动人的精神遗存。它不仅属于历史，更烛照着当下知识分子的精神海拔。

丁玲纽约手稿中的现代性寓言

1982年丁玲《纽约街头夜晚小景》手稿

纽约街头夜晚小景

纽约是这个地球上最大的城市，曼哈顿区有纽约最繁华的街道。

高楼象树林、象石碑般的矗立在你周围，一堆堆，一条条，一层层，参差错落。街道上四方八面都闪烁着五颜六色刺目的灯光。好似远远近近，从近到远都铺满了耀目的繁星。

汽车如风如云，流水般的不断地在纵横的高速公路上串行。

人走在这里，这里有一切，一切都在活动，我好象有了一切。

人走在这里，好像有了一切，却又唯独没有我。

这边，有一座新建的水晶宫，透明的橱窗里，闪烁着发亮的金银餐具，翠玉和钻石的装饰品。

那边是廿年代的宫殿，美丽的花边在玻璃门后飘忽，台阶上站着庄严的穿制服门警。

这是 1982 年，丁玲以七十八岁高龄游历曼哈顿时随手写下的《纽约街头夜晚小景》，纽约街头在丁玲的钢笔下凝固成一座流动的玻璃城。在灯火璀璨的夜色里，这位历经沧桑的左翼作家，用汉字编织出令人颤栗的现代性寓言。这份目前珍藏于丁玲纪念馆的手稿，既是对资本主义物质文明的直观记录，更是一曲关于现代人精神困境的黑色诗篇。

一、机械森林的视觉狂欢

曼哈顿的钢铁骨骼在丁玲笔下获得诡异的生命，高楼不再是单纯的建筑，而是"树林""石碑"般具有原始崇拜意味的图腾。这种异化书写将现代建筑群降格为蛮荒时代的自然物象，暗示着技术文明对人性本真的吞噬。玻璃幕墙折射出的霓虹光谱，形成"刺目的繁星"的奇幻景观，这种人造星空与汽车"流水般"的机械律动相映成趣，构建出永不停歇的视觉狂欢。

橱窗里的金银餐具与翠玉钻石，在透明的水晶宫中上演着消费主义的神圣仪式。丁玲刻意选用"廿年代的宫殿"与当代商业空间并置，让时空错位的奢靡相互映照，揭示出资本积累的永恒循环。穿制服的门警如同现代骑士，守护着商品拜物教的神殿，这种庄严与荒诞的并置，构成对物质崇拜的尖锐反讽。

二、存在迷途的精神图景

"人走在这里，这里有一切，一切都在活动"的排比句式，精准捕捉到现代都市的生存悖论。物质的丰裕与精神的贫瘠形成刺眼反差，"唯独没有我"的顿悟式表达，将现代性困境推向哲学层面。这种自我消解的痛苦，远比萨特笔下的"恶心"[1]更具东方知识分子的集体焦虑。

丁玲的观察暗合本雅明"游荡者"[2]理论，却又带有革命文人的独特视角。当她穿行于"纵横的高速公路"时，既是都市漫游者，更是社会解剖者。流动的汽车长河与静止的橱窗陈设，构成现代人"在场

---

[1] 萨特《恶心》（1938）通过主人公洛根丁揭示现代人的存在荒诞。
[2] 本雅明《巴黎，19 世纪的首都》提出"游荡者"作为都市现代性观察者。

缺席"的生存隐喻，物质丰裕的表象下涌动着精神荒漠的暗流。

三、东方凝视下的城市寓言

手稿中"水晶宫"的意象选择极具深意，这个 1851 年伦敦世博会的标志建筑 [3]，在丁玲笔下转化为消费主义的象征场域。中国作家对西方现代性的双重态度在此显露无遗：既惊叹于物质文明的魔法，又警惕其对人性的异化。这种矛盾心态，恰似梁启超当年初见纽约时的震撼与忧虑 [4]。

丁玲的纽约书写延续了左翼文学的社会批判传统，却在表现形式上突破意识形态框架。当翠玉钻石与制服门警构成超现实画面时，我们看到的不仅是阶级对立的符号，更是整个现代文明的系统性危机。这份手稿因此成为跨文化观察的珍贵标本，记录着第三世界知识分子对资本主义现代性的深刻省思。

这份泛黄的手稿在纪念馆玻璃柜中沉睡，文字却在时光中愈发锋利。丁玲用诗性语言剖开的现代性伤口，在全球化时代持续溃烂。当霓虹与玻璃构筑的璀璨孤岛成为人类共同的精神困境，这份来自 1982 年的纽约手稿，依然在叩击着每个都市漫游者的灵魂。那些闪烁的橱窗与流动的车河，何尝不是我们这个时代的集体镜像？

---

[3] 水晶宫（Crystal Palace）为 1851 年伦敦世博会主体建筑，象征工业文明辉煌。

[4] 梁启超：《新大陆游记》，社会科学文献出版社，2007 年。记载其 1903 年访美时对纽约摩天楼的复杂感受。

丁玲的创作破局与文学重生
——解析《作家需要培养对群众的感情》手稿

手稿原文:

"文学作品主要的是写人,这是大家都知道的。一些好的文学作品,我们读后记得的是人。《水浒》里写的事情是那么多,我们并不都记得,但我们记得武松、鲁智深这样的人。他们这些人活在我们脑子里。《红楼梦》里写的事情多得很,我们记不了,但我们很清楚地记得林黛玉、贾宝玉、薛宝钗、凤姐的模样,我们在生活中看到这类人时,就会说出他们像谁。我们的古典文学作品写人物写得多么

1953 年出版纸质丁玲《作家需要培养对群众的感情》手稿

好!而我们现在的许多作品却没有写出人,有的也写了,但不能让人记住,记清。魏巍的《谁是最可爱的人》中,有一种感情,作者很爱部队。所以我爱这作品,我为了介绍它,曾读了五、六遍,文中的三个故事里的人物,我仍记不清。我们最好的作品,也没有写出人物。《白毛女》的喜儿,作为一个人物的性格特征,我认为还是没有写出。也许别人会问我:"你写好人物没有?"我要不要写人物呢?我写《太阳照在桑干河上》时,主观上要写人物。如果说这本书还有点可取的地方,那是还写出了人物的影子,但不深刻,不鲜明,因为我的生活不够。有人说我只到桑干河上两个来月,就写出了一本书,是因为我的文学修养好。这是误解。我写这本书时,是把我许多年来的生活经验集中起来了,才能写出。魏巍所以能写出《谁是最可爱的人》是他十八年来的军队生活换来的。

我们现在的许多作家过的是文学家的生活，我们家里来往的人是写文章的人，我们日常熟悉的人不是我们所要写的，而我们所要写的，是我们日常生活中疏远的人。我们只是要写那些人时，才去看看他们。我们现在的作家很孤僻，甚至断绝六亲。来往的只是少数情投意合的人。世界上最伟大的作家如托尔斯泰所写的人都是他日常生活最熟悉的人。曹雪芹写的薛宝钗、林黛玉、宝玉等也都是写的他的表姐表妹。我写《太阳照在桑干河上》中的文采时，一写就三四千字，毫不费力，因为我熟悉他。而写农村干部时，就要在院子里走来走去，好久才能动笔。我们日常熟悉的人对我们没有太大用处，而我们所不熟悉的却正是我们现在要写的。我们日常接近的是机关干部，大家只有一般的同志关系，除去开小组会，没有其他联系，有时见面点点头。我虽住在北京，但与北京没联系，住在一条小胡同里，与小胡同也没有联系。在北京的也许到上海，或别的地方，大家上上下下，来来往往，但对生活还是不熟悉。现实的生活是那么广阔，光彩，美丽，而我们的生活是那么狭窄，贫乏，空虚，拿什么来填补呢？只有清谈阔论。坐在屋子里谈主题、矛盾、本质、典型。我们有些人脑子里还没有几个人物就谈典型，对复杂的生活还不了解就谈矛盾，本质。我们没有人物，先谈主题。谈来谈去，仍谈不出好作品来。我们的许多作品中的人物，是讨论出来的人物，不是活人。这对有生活经验的读者，是不会感兴趣的。

　　一个作家不能过两重生活，一种是作家的小圈子生活，一种是和他要写的人一道生活。我们应该和群众永远生活在一起。我们许多人都愿意写典型，写伟大的作品，但我们都不愿意和群众生活在一起。我们应把我们的户口移到群众中去。我们现在有些作家住在机关里，连户口也没有。我们需要有在群众中安身立命的想法。我们的环境再也不能继续下去，我们要把我们的环境改变为和我们要写的人生活在一起的环境。我们在群众中去找亲戚，找表姐表妹，找堂兄堂弟，找知心的朋友。我们要和他们建立这样一种关系，当他们快乐时，他们会找你，当他们痛苦时，会找你，我们对他们是负责的，热心的，严肃的，而又毫无私心，并不想偷拿他们作我们的创作材料，使自己成名，当作家。我们舍得自己，不怕浪费时间。如此下去，我们脑子里的人物便会丰富起来，想写的人物就会汹涌出来，使你不得不写他们。

一个作家，应该是一个好的组织家，他应该善于理解人，善于与人来往。否则，他是不可能写出好作品的。我在延安警卫团作政治部副主任时，工作做不好，最后是自己辞职。我去工作时，毛主席对我说，你要一个一个的去认识人，首先把团里主要的人名记住，并要了解他们。可惜我当时并不体会这些话的重要。我们到农村去工作，到村子里，也得首先记住人的名字，了解那些人是啥样的人，否则就不能工作。文学工作者，更要记得人，了解人。

一个作家要作一个社会活动家。社会活动并不只是去开大会，坐在那里鼓掌，或去参加鸡尾酒会，碰杯喊"万岁，万岁！"这仅仅是社会活动的一部分。我们要到工厂去，农村去，部队去建立关系。像周立波同志去石景山钢铁厂几个月，和工人们建立了关系，就很好。这不应是短期的、暂时的，而应是长期的，不断彼此来往。我们不要坐在自己的小屋里不出去活动，我们到广阔的生活中去，同各式各样的人发生联系，在斗争中、团结中，改造自己，克服自己的缺点。丰富自己的生活。创作出一本好书，而不是记录一本书，编一本书。这是一个艰巨的战斗，值得我们战斗一生。

还有些作家如果离开了领导，就不敢创作，这是不行的。我们要能独立活动。领导也要放手，让作家独立活动。

现在的许多文艺作品没有感情，我们没有觉得作品中的那个人可爱得很，非读下去不可。而是觉得应该读它，因为他写的是一个伟大的斗争，伟大的运动。

我们的作家都知道作品没有感情，枯燥无味，但自己写，也不愿放进感情，怕人批评自己的感情是小资产阶级的，或是资产阶级的。这是作家的世故。我们应该相信自己的感情，我们所以创作，是因为我爱某种对象。毛主席在延安文艺座谈会上反对过小资产阶级分子津津有味的自我描写，但我们改造了自己的感情后，和人民的感情一致了，为什么不可以写？问题是我们的感情太渺小，只是萤火的光，光小就燃烧不起来。我们只关心自己，没有大的感情。我们需要改造、丰富、培养、扩大我们的感情。我们对人民的责任感强了，我们好的、崇高的、无私的感情，就会培养出来，提高一些。我们的社会活动多，与人民的关系扯不开了，我们的感情就会丰富起来。这时候，我们不要约束自己，把我们的感情写出来。我们现在一方面不敢放进感情，另一方面却花花草草，虽然写了不少、带感情的字句，仍然不能使人感动。

一个作家应欢迎批评，不要怕批评。作家应帮助批评家，并应积极地参加批评。一个作品有人提出批评，作家就气得不写了，创作少，说是批评的毛病，这是不对的。批评工作是有毛病的，但不应对批评发脾气。别人批评你的作品，你不服气，最好的办法是再创作。真正一个作家，是不会因为被批评压倒了，就不成为作家了。批评和创作不是对立的，批评得不对，你可以考虑，也可以争辩。作品一发表，作家就有社会责任。有些作家太沉不住气，怕批评。总是赶快去生活，赶快跑回来，怕别人说生活很长时间没写出东西，就赶紧写，还没有完全写好，又赶快写草稿请人提意见，意见还没消化，又赶快进行修改。批评者和领导上的意见，只能是一种建议，需要我们自己集中，我们要办事，又不自己作主，这算什么作家呢？"

在丁玲纪念馆的恒温恒湿库房里，一份25页的手稿正诉说着时光的重量。1953年完成的《作家需要培养对群众的感情》[1]纸张已然发黄脆裂，霉斑在字里行间洇开历史的褶皱，残缺的页角宛如被岁月啃噬的文学良心。这份严重破损的珍贵文物，恰似一具文学的"木乃伊"，封印着新中国文艺转型期最尖锐的思想交锋。

一、古典与现代的镜像对照

在《水浒传》的江湖风云里，武松打虎的拳风至今激荡着读者的血脉；《红楼梦》大观园的雕梁画栋间，林黛玉葬花的泪珠仍能濡湿千年后的纸页。这些跨越时空的人物群像，恰如丁玲所言："活在我们脑子里"[2]。他们不是概念的传声筒，而是带着体温与呼吸的活体存在：鲁智深倒拔垂杨柳时臂膀贲张的肌肉，王熙凤丹凤眼里的精明算计，

---

[1] 丁玲：《作家需要培养对群众的感情》，《丁玲全集》第7卷，河北人民出版社，2001年，第369-373页。

[2] 丁玲：《生活、思想与人物》，《丁玲全集》第7卷，河北人民出版社，2001年，第433页。

每个细节都是生命力的喷涌。

反观当代文学长廊，丁玲笔锋陡转，直指创作现场的空洞与苍白。即便如《谁是最可爱的人》[3]这样饱含深情的作品，其人物形象也难以在读者记忆中扎根。这种反差并非偶然，当作家们沉迷于"主题、矛盾、本质、典型"的抽象讨论时，文学的生命之泉已然干涸。

二、创作困境的根源探析

丁玲以《太阳照在桑干河上》[4]的创作历程为镜，照见当代作家的生存困境。当她描写熟悉的"文采"时，文思如泉涌；面对陌生的农村干部时，却只能在院子里来回踱步。这种创作困境折射出更深层的危机：作家群体正陷入自我建构的孤岛，机关大院取代了市井巷陌，清谈阔论遮蔽了人间烟火。

作家们的生活半径日益萎缩，如同被移植到无菌室的植株。丁玲痛心地描绘这种异化状态：住在北京却与北京无关，往来尽是"少数情投意合者"[5]。当创作沦为对概念的演绎，当人物成为"讨论出来的活死人"[6]，文学便丧失了最珍贵的生命力——与大地相连的根系。

三、突围之路：向生活深处扎根

丁玲开出的药方直指病灶核心：把户口迁到群众中去[7]。这不是形式主义的采风，而是要将生命根系深扎进生活的沃土。就像周立波在石景山钢铁厂的长期驻守[8]，作家需要建立与人民的血脉联系。这种联系不是猎奇式的观察，而是成为群众的"亲戚、表姐表妹、知心朋友"[9]，在共饮生活苦酒中培育真情实感。

作家应当如托尔斯泰般在庄园与农奴同呼吸，像曹雪芹般在家族兴衰中淬炼人物。丁玲强调，这种扎根不是暂时的体验，而是"安身立命"的生存状态[10]。唯有如此，作家才能突破"萤火虫般渺小的感情"[11]，让创作迸发出太阳般炽热的光芒。

---

[3] 魏巍：《谁是最可爱的人》，人民文学出版社，2020年。

[4] 丁玲：《太阳照在桑干河上》，《丁玲全集》第2卷，河北人民出版社，2001年，第1-310页。

[5][6][7][8][9][10][11][12] 丁玲：《作家需要培养对群众的感情》，《丁玲全集》第7卷，河北人民出版社，2001年，第369-373页。

在文章结尾处，丁玲的钢笔重重落下："一个作家应该欢迎批评，不要怕批评。"[12] 六十八年后的今天，当网络写作冲击文学疆域，当流量算法试图规训创作方向，重读这份发黄的手稿，我们更能体会其中深意。真正的文学永远生长在生活的裂缝里，在人间烟火的熏染中，在作家与人民同频跳动的脉搏里。或许这正是丁玲留给后人的永恒启示：唯有将生命投入生活的熔炉，才能锻造出具有永恒生命力的人物丰碑。

书籍文献

《在黑暗中》：丁玲笔下的女性觉醒与时代困境

　　《在黑暗中》是丁玲的第一部短篇小说集，于 1928 年 10 月由上海开明书店出版。这部作品集收录了《梦珂》《莎菲女士的日记》《暑假中》《阿毛姑娘》四篇短篇小说，以及一篇后记《最后一页》[1]。这些作品集中反映了 20 世纪 20 年代末期，丁玲在五四新文化运动的感召下觉醒，却在大革命失败后陷入苦闷与迷茫的心路历程。她以革命女作家的姿态，打破了当时女性作家在思想与创作上的停滞，为文坛注入了新的活力。

　　《在黑暗中》的主题围绕着在新思潮影响下，知识女性对封建礼教的反抗与对个性解放的追求展开。作品中的女性角色大多身处黑暗的社会现实中，她们对封建家庭和旧道德深恶痛绝，渴望冲破束缚，追求自由与光明。丁玲通过这些女性形象，深刻揭示了当时社会的黑暗与病态，尤其是知识青年在时代洪流中的苦闷、迷茫与绝望。

　　书中的代表作《莎菲女士的日记》采用了日记体的形式，增强了作品的真实感与感染力。这种创新的叙事方式使读者能够直接进入主人公的内心世界，感受她的情感起伏与思想变化。莎菲女士的形象不仅展现了青年女性在道德与心灵上的挣扎，也反映了五四运动低潮时期，青年一代对自由与解放的强烈渴望。这篇小说在当时引起了文坛的广泛关注与争议，被誉为"在死寂的文坛抛下的一颗炸弹"[2]，震动了整个文学界。

　　丁玲在《在黑暗中》中展现了娴熟的心理描写技巧，深入刻画了人物复杂而丰富的内心世界。作品中的女性角色虽然都曾为自由与理想奋斗过，但最终都未能逃脱时代的桎梏，结局大多悲观绝望。这种对人物心理的细腻描写，使读者能够真切感受到她们的喜怒哀乐与矛

---

[1] 丁玲：《在黑暗中》，上海开明书店出版，1928 年，目录。

[2] 袁良骏：《丁玲研究资料》，知识产权出版社，2011 年，第 388 页。

盾挣扎，进一步增强了作品的感染力。

《在黑暗中》不仅继承了五四精神中对封建专制的抗争与叛逆，还塑造了五四之后小资产阶级知识女性的形象。她们身上既有对自由的追求，又充满了空虚、苦闷与绝望的感伤主义色彩，深刻反映了那个时代的社会矛盾与精神困境。丁玲通过这些形象，表达了她对国家命运的关切，以及对民主自由的向往。

这部作品集在出版后立即受到了读者的热烈欢迎，到1934年6月已连续再版六次，累计发行量超过10万册，这在当时是一个相当可观的数字。1999年，人民文学出版社评选20世纪100种优秀文学图书时，《在黑暗中》被选为"百年百种优秀文学图书"，进一步确立了其在中国现代文学史上的重要地位。

总的来说，《在黑暗中》不仅是丁玲文学创作的重要里程碑，也为中国现代文学的发展注入了新的活力。它深刻反映了时代的脉搏，揭露了社会的黑暗，表达了人民对自由与光明的渴望，为新中国文艺事业的发展奠定了坚实的基础。

人民文学出版社等发起"百年百种优秀中国文学图书评选揭晓"

丁玲1933年著《在黑暗中》目录及版权页面

《毛泽东选集》与丁玲：
文艺思想与创作实践的间接交汇

1948 年，东北书店出版了《毛泽东选集》，并于同年将其赠予丁玲。尽管这本书与丁玲并无直接关联，但两者之间却存在一些微妙的间接联系。

1948 年东北书店敬赠丁玲的《毛泽东选集》精装本

首先，东北书店与丁玲的关系值得关注。1947 年 9 月，东北书店出版了周扬主编的《解放区短篇创作选》（第二辑），其中收录了丁玲等名家的报告文学作品。1948 年，丁玲完成了长篇小说《太阳照在桑干河上》，并于同年 8 月在大连光华书店出版精装本，9 月由东北光华书店在哈尔滨发行平装本[1]。这一出版行为对丁玲作品的传播起到了重要推动作用。1949 年中华人民共和国成立前后，东北书店再次参与再版《解放区短篇创作选》，该选集中依然包含丁玲的作品。可以说，在解放区文学的传播过程中，东北书店对丁玲作品的推广和影响力的扩大起到了积极作用，使她的作品在东北地区乃至更广泛的解放区范围内被更多读者所熟知，其作品所反映的思想和内容也在当时的社会背景下发挥了更大的作用。

其次，尽管《毛泽东选集》中没有专门针对丁玲的独立篇章，但其中一些内容与丁玲的思想和创作实践存在间接关联。1942 年，毛泽东发表了《在延安文艺座谈会上的讲话》，明确了文艺作品要为工农

---

[1] 王增如、李向东：《丁玲年谱长编》，天津人民出版社，2006 年，第 225-227 页。

兵服务的主旨。丁玲深入学习这一讲话精神后，其创作中开始大量融入工农兵元素[2]，创作思想和方向发生了显著转变。虽然《毛泽东选集》中并未直接提及丁玲，但在一些相关的历史背景和文艺政策论述中，丁玲所处的文艺界情况可能作为时代背景或相关案例被间接涉及。例如，在讨论延安文艺工作时，丁玲作为当时延安具有代表性的作家，其相关工作和创作情况可能会被纳入历史叙述的范畴。

此外，毛泽东曾在信件中甚至当面称赞丁玲的《田宝霖》[3]"写得好"，并指出"作家到群众中去就能写好文章"[4]。这一评价不仅体现了毛泽东对丁玲深入群众进行创作的认可，也反映了他对文艺创作要贴近群众这一观点的重视，同时展现了丁玲在创作中对毛泽东文艺思想的践行。

可以说，《毛泽东选集》在文艺方向上对丁玲的创作实践起到了重要的指引作用。她之后的创作与《讲话》精神紧密相连，从侧面体现了毛泽东文艺思想对她的深刻影响。同时，丁玲的个人经历也与《毛泽东选集》所反映的中国革命和建设的历史时期紧密交织。她积极投身革命，在各个历史阶段的活动，成为《毛泽东选集》所涵盖的历史时代的一部分。这种间接的联系不仅丰富了丁玲的创作内涵，也为理解毛泽东文艺思想在具体实践中的影响提供了生动的例证。

---

[2]丁玲：《生活、思想与人物》，《丁玲全集》第7卷，石家庄河北人民出版社，2001年，第419-438页。
[3][4]王增如、李向东：《丁玲年谱长编》，天津人民出版社，2006年，第184-185页。

俄文版《太阳照在桑干河上》
社会主义现实主义的跨文化实践

丁玲的长篇小说《太阳照在桑干河上》是20世纪中国文学史上反映土地改革运动的里程碑式作品。其1949年俄文版的出版与传播，不仅标志着中国社会主义文学的国际认可，更成为中苏文化互动与意识形态共鸣的重要见证。本文将从俄文版的出版背景、文学价值及其国际影响三个方面，探讨这部作品在跨文化语境中的意义。

一、俄文版的出版背景与政治文化动因

《太阳照在桑干河上》创作于1946年至1948年间，以华北暖水屯的土改斗争为蓝本，真实再现了中国共产党领导下的农村社会变革。小说于1948年9月首次出版后，迅速引起国内外关注。1949年，俄文译本在苏联《旗帜》杂志上连载[1]，成为新中国文学在社会主义阵营传播的先锋。值得注意的是，1949年11月22日丁玲出席苏联作协总书记法捷耶夫招待中国参加十月革命节庆典代表的座谈会上，法捷耶夫亲自给丁玲赠送了俄文版《太阳照在桑干河上》[2]，这种带有"预发布"性质的举动既体现苏联文坛对丁玲个人的器重，也彰显了两国文学界的政治互信。1951年，该小说荣获斯大林文学奖二等奖，俄文版的影响力进一步扩大。这一殊荣既是对丁玲文学成就的肯定，也体现了苏联对中国革命叙事的政治支持。

1951年俄文版《太阳照在桑干河上》丁玲著

从历史背景看，1951年正值冷战初期，

[1] 王增如、李向东：《丁玲年谱长编》，天津人民出版社，2006年，第258页。
[2] 王增如、李向东：《丁玲年谱长编》，天津人民出版社，2006年，第260页。

中苏两国在意识形态上高度契合。苏联文学界对《太阳照在桑干河上》的推崇，既源于其社会主义现实主义的创作方法，也因其契合了国际共运对"人民觉醒"主题的期待。丁玲在小说中强调的"农民的变天思想"——即农民通过斗争摆脱封建压迫、实现自我解放的过程——与苏联文学中"新人"塑造的理念不谋而合[3]。

二、文学特质与俄文版的叙事重构

丁玲的创作以深入生活为基础。她三次参与土改实践，与农民同吃同住，积累了丰富的素材。小说中的人物如张裕民、程仁、钱文贵等均源自现实原型，其复杂性格打破了传统革命文学中"高大全"的刻板形象。例如，村支书张裕民既有领导斗争的觉悟，又曾沾染流氓习气；农会主任程仁因与地主侄女黑妮的情感纠葛一度动摇。这种对人性多维度的刻画，在俄文版中得到了完整保留，成为苏联读者理解中国农村社会复杂性的窗口。

在地主形象的塑造上，丁玲突破了单一的反面标签。核心反派钱文贵并非传统意义上的大地主，而是通过政治权谋掌控村庄的隐身者。他送子参军、联姻村干部，以伪装逃避清算，这一形象揭示了土改斗争中敌人的狡猾性。俄文版对这一人物的细致描写，展现了阶级斗争的复杂性，与苏联文学中"敌人"叙事的多样性形成呼应。

此外，小说对农民精神困境的刻画也颇具深度。如老农侯忠全因长期受压迫而迷信宿命，最终在斗争中觉醒的转变，既体现了土地改革对个体心灵的改造，也暗含了对启蒙与革命关系的思考。这种对农民"精神奴役创伤"的直面，在俄文版中引发了关于社会主义文学如何平衡"批判"与"歌颂"的讨论[4]。

三、国际影响与跨文化接受

俄文版的成功传播，使《太阳照在桑干河上》成为国际社会观察中国革命的文学样本。苏联文学评论家称赞其"天才而技巧地描写出

[3]贺桂梅：《西蒙诺夫给我的印象》，《战斗是享受——丁玲散文精选》，河北教育出版社，2024年，第206-207页。

[4]贺桂梅：《旗帜杂志编辑部给我的鼓励》，《战斗是享受——丁玲散文精选》，河北教育出版社，2024年，第214-224页。

中国数以百万计的劳动人民，怎样在以毛泽东为首的中国共产党领导之下觉醒过来，为新生活而斗争。"[5]，并将其视为社会主义现实主义在亚洲的实践典范。小说中展现的群众动员策略、阶级分析框架，也为其他社会主义国家的土地改革提供了叙事依据。

然而，俄文版的接受并非毫无争议。文艺界部分观点认为，小说对农民落后性的描写可能削弱革命叙事的崇高性。例如，批评家竹可羽曾指责作品"以农民的动摇为主调"[6]，但丁玲坚持真实性的创作原则，认为"在斗争初期，走在最前边的常常也不全是崇高、完美无缺的人"[7]。这种争论恰恰反映了社会主义文学内部对"真实性"与"政治正确性"的张力。

作为文化符号的俄文版《太阳照在桑干河上》，1951年俄文版的意义远超文学范畴。它是中苏文化同盟的象征，也是中国现代文学融入世界社会主义话语体系的关键节点。丁玲通过暖水屯的微观叙事，将中国土地改革的经验升华为具有普遍性的革命史诗，而俄文版则成为这一史诗跨文化传播的桥梁。今天重读这部作品，不仅能追溯社会主义现实主义的创作实践，更能反思文学如何在政治与人性、本土性与国际性之间寻求平衡。正如丁玲所言："我同他们一起生活过，共同战斗过，我爱这群人，爱这段生活，我要把他们真实地留在纸上"[8]——这种对人民真实处境的深切关怀，正是《太阳照在桑干河上》跨越时代与国界的永恒价值。

---

[5] 王增如、李向东：《丁玲年谱长编》，天津人民出版社，2006年，第259页。

[6] 竹可羽：论《太阳照在桑干河上》（节录），《丁玲研究资料》，知识产权出版社，2011年，第324页。

[7] 丁玲：《太阳照在桑干河上》重印前言，《丁玲全集》第9卷，河北人民出版社，2001年，第98页。

[8] 丁玲：《丁玲全集》第9卷，河北人民出版社，2001年，第98页。

乌克兰语版《太阳照在桑干河上》的
出版历程与文化意义

  在丁玲的文学创作生涯中，《太阳照在桑干河上》无疑是一部具有深远影响力的经典之作。这部作品不仅在中国文学史上留下了浓墨重彩的一笔，还跨越国界，在国际舞台上引发了广泛关注。其中，乌克兰语版《太阳照在桑干河上》以其独特的出版历程和背后的复杂故事，展现出特殊的时代意义与文化价值。

  从书籍装帧设计来看，这本乌克兰语版本《太阳照在桑干河上》的封面设计巧妙地融合了视觉艺术与文化象征，热烈而鲜明的红黄色主色调不仅吸引眼球，也象征着革命与热情，与书籍内容中的土地改革主题相呼应。封面的设计元素，如黄色边框和红白相间的花纹，不仅增添了艺术美感，花纹中浓郁的异域风情也体现了乌克兰文化的独特风格。

  当翻开这本书的封面，更能发现其中蕴含的珍贵信息。在第一张扉页上，丁玲留下了签名及相关记录："此书插图为多甫加力所绘，亦为共所赠。丁玲 1951 年 4 月 28 日收到。同时还有一本内有插图者的签名。"这段简短的文字，为我们揭开了这本书背后的一段人际脉络。第二张扉页则标明了乌克兰文翻译及插图者的姓名，"Переклад Оксани IВАНЕНКО, Оправа та ілюстрації х удожника О. ДОВГАЛЯ。" 翻译过来是"翻译：奥克萨娜·伊万年科，装帧及插图由艺术家 O. 多甫加力创作"。此外，扉页还标注了出版信息：签署印刷于 1950 年 7 月 1 日，由国家文学出版社出版，基辅地区印刷厂的矩阵印刷，印刷编号 M - 115，书内精心绘制了 11 幅插图。这些信息不仅揭示了丁玲与国际友人的交往，也反映了当时中苏文化交流的深度与广度。

  1949 年 10 月，丁玲担任中华全国总工会和中苏友好协会代表团团长，率团赴莫斯科参加苏联十月革命 32 周年庆典[1]。彼时，经苏联汉学家柳德米拉·波兹德涅耶娃翻译的俄文译本在苏联《旗帜》杂志上连载[2]后已经出版，丁玲应邀到《旗帜》编辑部座谈，结识了波列伏依、巴甫连科、爱伦堡、尼古拉耶娃等一大批知名作家，还访问了高尔基文学院。这趟莫斯科之行，增进了中苏文学界的相互了解，为丁玲的作品在苏联及东

1950年乌克兰语版《太阳照在桑干河上》丁玲著

欧的传播奠定了基础。而乌克兰语版本于1950年7月1日迅速出版，背后也有其深刻的时代背景。1949年新中国成立后，中苏迅速结盟。在冷战格局下，苏联将推广社会主义现实主义文学视为巩固意识形态的重要手段，翻译中国革命文学作品成为苏联彰显"兄弟国家团结"的象征[3]。丁玲的《太阳照在桑干河上》聚焦中国土地改革，高度契合苏联对外输出革命经验的需求。

乌克兰作为苏联的加盟共和国，虽隶属苏联，但拥有独立的语言体系、出版机构以及文化政策执行能力。它快速翻译《太阳照在桑干河上》，一方面积极响应了苏联的"国际主义"号召[4]，另一方面也借此强化了自身在社会主义文化传播中的地位。乌克兰语译本的迅速问世，实际上是苏联体制下意识形态传播高效性的生动体现。乌克兰既要贯彻苏联中央的文化指令，又期望借此机会在社会主义文学传播中展现自身独特价值。而中苏关系的紧密发展，为这类翻译出版工作提供了强大的政治推动力。这一现象不仅深刻反映了冷战初期社会主义阵营内部的协作机制，也清晰揭示了乌克兰在苏联文化版图中既从属又独特的地位。该译本在苏联时期被列为"推荐给乌克兰读者的优秀中国文学作品"之一，是斯拉夫语系国家研究中国现当代文学的重要文献。

[1][2]王增如、李向东：《丁玲年谱长编》，天津人民出版社，2006年，第258页。
[3]凯特琳娜·克拉克：《苏联小说：作为仪式的历史》，芝加哥大学出版社，1981年，第212页。
[4]苏联共产党中央委员会决议（1949年12月），《真理报》1949年12月15日第1版。

《母亲》：丁玲的革命情怀与文学转型

　　《母亲》是丁玲于1932年创作的第一部长篇小说，以她的母亲余曼贞为原型，描绘了一位在封建社会中勇敢追求独立与进步的女性形象。丁玲曾坦言，小说中的情节均源自她的亲身经历与深刻体会。她说："为什么我要把这书叫着《母亲》呢？因为她是贯穿这部书的人物当中的一个，更因为这个'母亲'，虽然是受了封建的社会制度的千磨百难，却终究是跑过来了。"[1]。她原本计划将这部作品写成一部三十万字的长篇巨制，分为三部曲，但由于1933年被国民党绑架，这一宏大的构想

1933年良友图书公司出版
《母亲》丁玲著

仅完成了三分之一，留下了八万字的残篇。这部未竟之作不仅承载了丁玲的个人情感，也见证了她从关注个人情感到聚焦社会现实的文学转型[2]。

　　1931年，丁玲的丈夫胡也频牺牲，这一事件成为她人生的重大转折点。为了继承丈夫的革命遗志，她将儿子送回湖南常德，交由母亲余曼贞抚养。余曼贞出身于封建大家庭，却未被传统思想束缚。丈夫去世后，她毅然走出家庭，带着儿女辗转于常德与长沙之间，积极求学并将所学付诸实践，推动社会变革。她的坚韧与独立深深影响了丁玲，引导她走上了革命的道路。丁玲在母亲的影响下，萌发了书写母亲及其家族故事的念头，并试图通过文学展现女性在社会变革中的力量。

[1] 王增如、李向东：《丁玲年谱长编》，天津人民出版社，2006年，第82页。

[2] 贺桂梅：《知识分子、革命与自我改造——丁玲"向左转"问题的再思考》，《中国现代文学研究丛刊》，2005年第2期，第17页。

[3] 王增如、李向东：《丁玲年谱长编》，天津人民出版社，2006年，第69页。

1932 年，丁玲出任左联机关刊物《北斗》[3] 的主编，并开始以母亲为原型创作长篇小说《母亲》。恰逢党的江苏省委宣传部委托楼适夷主办的《大陆新闻》创刊 [4]，丁玲应邀连载这部小说。然而，连载不足二十天，报纸便被迫停刊 [5]。随后，赵家璧先生编辑"良友文学丛书"[6]，向丁玲约稿，她便将已完成的部分寄出。不料，1933 年 5 月 14 日，丁玲在昆山路寓所与潘梓年一同被国民党绑架 [7]。这一事件引发了国内各界，尤其是左联人士的强烈抗议与营救行动。

在鲁迅的建议下 [8]，赵家璧迅速将《母亲》付印，并于 1933 年 6 月 27 日正式出版 [9]。书中附有《编者言》，交代了丁玲被捕的情况。良友图书公司在《时事新报》《申报》刊登大幅广告，发售作者亲笔签名本。《母亲》一经出版便引发广泛关注，成为"良友文学丛书"中的畅销书，第一版 4000 册在一个月内售罄。这部作品不仅是对丁玲个人的支持，更是对国民党暴政的有力抗议。

《母亲》以广阔的社会变革为背景，通过细腻的笔触塑造了一位具有社会责任感和时代使命感的母亲形象，将女性成长与社会变革紧密结合，拓展了中国现代文学的题材领域。作品中对女性地位与权利的探讨，推动了社会观念的进步，也标志着丁玲从个人情感书写转向社会现实关注的文学转型。她通过这部作品，表达了对旧制度的批判与对新思想的宣扬，进一步强化了与左翼文学阵营的联系，赢得了广泛的认可与声誉。

尽管《母亲》未能完成，但它依然是丁玲文学创作中的重要里程碑。这部作品不仅见证了她的思想成熟与政治立场的坚定，也为她日后投身革命文学运动奠定了坚实基础。1936 年，在我党的帮助下，丁玲成功逃脱国民党的囚禁，奔赴延安，开启了人生与创作的新篇章。而《母亲》作为她未竟的文学梦想，永远铭刻在中国现代文学的历史中，成为革命情怀与女性觉醒的永恒见证。

---

[4] 王增如、李向东：《丁玲年谱长编》，天津人民出版社，2006 年，第 80 页。

[5] [6] 李向东、王增如：《丁玲传》，中国大百科全书出版社，2015 年，第 87 页。

[7] 王增如、李向东：《丁玲年谱长编》，天津人民出版社，2006 年，第 88 页。

[8] [9] 王增如、李向东：《丁玲年谱长编》，天津人民出版社，2006 年，第 94 页。

沈从文《记丁玲》的文物价值与历史意蕴

1934 年上海良友图书印刷公司出版良友
文学丛书之《记丁玲》沈从文著

在丁玲纪念馆的藏品中，一册紫红色布面封皮的旧书静静陈列。书页已然泛黄，边角略显残破，却难掩其独特的历史价值。这本 1934 年由上海良友图书印刷公司出版的《记丁玲》，作为馆藏珍贵文物，承载着中国现代文学史上一段重要的记忆。沈从文以细腻笔触记录挚友丁玲的文学人生，却在出版时因"特种原因"删去三万余字 [1]，留下一个耐人寻味的文学悬案。这册残旧的书籍，不仅是一件珍贵的文物，更是打开民国文人精神世界的一把钥匙。

一、乱世文缘：沈从文与丁玲的交往始末

1925 年的北京，沈从文与胡也频、丁玲的相遇，开启了现代文学史上一段重要的友谊。两位来自湖南的青年，在古都的文化氛围中找到了精神的共鸣。他们共同租住在香山脚下的破旧院落，过着清贫却充满理想的文人生活。沈从文在《记丁玲》中细腻地描绘了这段时光："我们常在暮色中散步，谈论文学与人生，丁玲总是充满激情地讲述她的创作理想。" [2]

1931 年胡也频的遇难，成为这段友谊的重要转折点 [3]。沈从文目睹了丁玲的悲痛与坚强，他在书中详细记录了丁玲在丈夫牺牲后的生

---

[1] 沈从文：《记丁玲》，上海良友图书印刷公司，1934 年，出版说明。

[2] 沈从文：《记丁玲》，上海良友图书印刷公司，1934 年，第 23 页。

[3] 丁玲：《魍魉世界》，人民文学出版社，1989 年，第 156 页。

活状态:"她比任何时候都更专注于写作,仿佛要将所有的痛苦都倾注在文字中。"[4]这段记载不仅展现了丁玲的性格特质,也折射出那个时代知识分子的精神面貌。

1933年丁玲被捕,沈从文多方奔走营救。这段经历在《记丁玲》中被隐去,但从现存的文字中仍可窥见作者的焦虑与无奈。这种克制而深情的笔触,正是沈从文文学风格的典型体现。

二、文字狱中的文人书写

《记丁玲》的创作始于1933年,正值白色恐怖最严峻的时期。编者在后序中坦言:"因特种原因,目前未克全部发表。"这"特种原因"直指当时严酷的政治环境。书中删去的三万余字,很可能涉及丁玲被捕前后的敏感内容。这种被迫的删节,使作品成为特定时代的见证。

沈从文的写作初衷,既有对挚友的怀念,也有为历史留证的考量。他在书中既展现了丁玲的文学才华,也记录了她的革命活动。这种双重书写,体现了作者在文学与政治之间的微妙平衡。书中对丁玲性格的刻画,尤其显示出沈从文独特的观察视角:"她像一团火,既能温暖他人,也可能灼伤自己。"[5]

文本的删节与改写,使《记丁玲》成为一个特殊的文学样本。现存的文字中,仍可感受到作者对友人的深情,以及面对时代巨变的无奈。这种克制而含蓄的表达,反而成就了作品的独特魅力。

三、紫红布面下的历史回响

作为馆藏珍贵文物,《记丁玲》的装帧设计具有典型的民国特色。紫红色布面封皮,既显庄重又不失文雅,体现了良友图书公司一贯的出版品位。书页的泛黄与残破,则见证了时间的流逝与历史的沧桑。

从文物价值来看,这本书不仅是一件出版实物,更是研究民国文学史的重要史料。它记录了两位重要作家的交往,反映了1930年代文坛的生态,也见证了那个时代的政治氛围。书中被删节的内容,更是

---

[4] 沈从文:《记丁玲》,上海良友图书印刷公司,1934年,第89页。
[5] 沈从文:《记丁玲》,上海良友图书印刷公司,1934年,第45页。

引发后人无尽的想象与考证。

在当代文学史研究中，《记丁玲》提供了独特的视角。它既是一部作家传记，也是一份时代见证。通过这本书，我们得以窥见民国文人的精神世界，感受他们在动荡年代中的坚持与彷徨。

这册紫红色封皮的旧书，静静地躺在纪念馆的展柜中，诉说着一个时代的文学记忆。它提醒我们，文学不仅是文字的堆砌，更是生命的记录。沈从文与丁玲的故事，他们的友谊与分歧，他们的理想与失落，都在这泛黄的书页中永恒定格。作为一件文物，《记丁玲》的价值不仅在于它的物质形态，更在于它所承载的精神遗产。它让我们看到，在历史的洪流中，文学如何成为记录时代、抚慰心灵的重要力量。这或许就是文物解读的终极意义：透过物质的表象，触摸历史的温度，感受文学的力量。

北斗星辉：丁玲与左翼文学的抗战岁月

上世纪 30 年代初期，中国文坛风雨如晦。蒋介石在"清党""清共"的同时，加紧了对文化的禁锢，进一步加剧了对进步作家的迫害。1931 年 2 月 7 日，"左联五烈士"被国民党枪杀于龙华警署[1]，其中便有丁玲的丈夫胡也频。面对国民党的文化"围剿"，中共中央宣传部决定创办一份公开刊物，定名为《北斗》。此前，左联曾创办过多种刊物，但均遭国民党政府查禁，甚至连为纪念烈士而秘密创刊的《前哨》也未能幸免。党组织意识到，左联必

1931 年《北斗》创刊号

须拥有一份属于自己的刊物，才能在文化战线上继续战斗。

在这一背景下，中共中央负责人张闻天约见了丁玲。丁玲原本急切地想去江西苏区投身革命，但张闻天指示她留在上海，参与左翼文学运动，并利用她尚未暴露的身份，出任新左联机关刊物《北斗》的主编。当时，丁玲不到 27 岁，还不是中共党员，但她毫不犹豫地接受了这一重大而庄严的使命。

接过主编《北斗》的任务后，丁玲满腔热情地投入工作。她积极联络新月派等非左派作家，邀请冰心、凌叔华、徐志摩、沈从文等知名作家撰稿，力求使《北斗》以"灰色"且"中立"的形象示人，巧妙地避开了国民党的监视。1931 年 9 月 20 日，《北斗》正式创刊，由上海湖风书局发行[2]。刊物内容丰富多彩，设有插图、小说、戏剧、诗歌、小品、世界名著、批评与介绍、文艺随笔等栏目，还专门为文学

---

[1] 王增如、李向东：《丁玲年谱长编》，天津人民出版社，2006 年，第 59 页。
[2] 创刊信息引自《北斗》创刊号版权页，上海湖风书局，1931 年 9 月版。

新人开辟了创作园地。

创刊号一经面世，便以其朴实的作风和广泛团结作家的姿态，给读者留下了深刻印象。鲁迅、瞿秋白、茅盾、冯雪峰、叶圣陶、戴望舒等一大批左翼作家和自由派作家纷纷踊跃投稿，其中不乏反映时代精神的革命之作。丁玲还花费大量时间为工农作者审稿、改稿和回信，给予他们创作上的指导。在她的悉心发掘下，艾青、葛琴、杨之华等文学新星崭露头角，后来成为中国文学发展的重要力量。

丁玲秉持大度与宽容的编辑思想，使《北斗》成为不同思想、风格作品交流碰撞的平台。刊物中既有鲁迅等左翼战士的沉雄之作，也有叶圣陶、冰心等自由派作家描绘生活感触的淡雅之笔。这种自由讨论、平等交流的艺术气氛，不仅促进了不同创作理念的融合，也通过征求读者意见，进一步明确了刊物的办报取向。

在理论创作方面，丁玲在《北斗》创刊号上刊登了署名朱璟的长篇论文《关于"创作"》[3]。文章系统梳理了新文学发展的历程，总结了左翼文学的经验教训，并明确提出：左翼作家必须克服"政治宣传大纲"式的"公式化"和"论文化"倾向，努力具备"正确的观念，充实的生活，和纯熟的技艺"，而"最重要的还是充实的生活"[4]。这一论述对纠正左翼文学创作中的问题、推动文艺大众化起到了积极作用。

1932年3月，丁玲光荣加入中国共产党[5]，并担任左联党团书记等职务[6]。入党后，她以革命女战士的姿态活跃于文坛，频繁参与左联的革命实践活动，深入上海纱厂体验生活，并坚持到复旦、光华、暨南等大学演讲。在与工人阶级的接触中，丁玲逐渐加深了对马克思主义的理解，创作思想也发生了显著变化，从自由主义作家转变为革命阵营中的一员。

随着丁玲的转变，《北斗》的编辑方针也从"灰色"转向"红色"，开始大量刊登鲁迅、瞿秋白等人的革命作品，凸显刊物的革命倾向和

---

[3] 朱璟：《关于"创作"》，《北斗》创刊号，目录，第2页。

[4] 引文出自朱璟《关于"创作"》，《北斗》创刊号，第75-88页。

[5] [6] 王增如、李向东：《丁玲年谱长编》，天津人民出版社，2006年，第79-84页。

战斗精神，成为传播马克思主义文艺理论的重要阵地。然而，1932 年 7 月，《北斗》在国民党的文化高压下被查封，共出版 8 期。尽管存在时间短暂，但《北斗》却是左联机关刊物中坚持时间最长的一份，丁玲更是将这本杂志变成了一个文化战场，完成了从"文小姐"到"武将军"的蜕变 [7]。

作为 20 世纪 30 年代左翼文坛上的"北斗星"，《北斗》不仅激发了民众的爱国热情和革命意识，也为左翼文学的繁荣与发展起到了积极的指导作用。它的诞生与终结，见证了中国左翼文学在艰难岁月中的不屈抗争，也为后世留下了宝贵的精神遗产。

---

[7] "文小姐到武将军"系毛泽东 1936 年赠丁玲词句，见《毛泽东诗词全编译注》，人民文学出版社，2017 年，第 368 页。

《一颗未出膛的枪弹》中的抗日信念与民族觉醒

在历史的长河中，总有一些作品宛如熠熠星辰，照亮人们对往昔峥嵘岁月的认知。《一颗未出膛的枪弹》便是这样一部意义非凡的短篇小说，它出自丁玲之手，是丁玲抵达陕北后创作的第一部作品[1]，承载着时代的厚重与民族的希望。1937 年 4 月 24 日，《一颗未出膛的枪弹》原以《一颗没有出镗的枪弹》之名，刊载于《解放》周刊创刊号上[2]。1938 年，它被收录进丁玲的创作集《苏区的文艺》。而如今丁玲纪念馆所珍藏的，则是 1946 年 3 月知识出版社出版的单行本，每一

民国三十五年三月知识出版社出版《一颗未出膛的枪弹》丁玲著

页纸张都仿佛在默默诉说着那段风起云涌的革命历史。

回溯到 1936 年底，丁玲历经辗转，终于抵达苏区陕北保安。次年 2 月，毛泽东亲自任命她为中央警卫团政治处副主任。彼时，全面抗战一触即发，国内局势错综复杂，民族矛盾急剧上升成为社会主要矛盾，抗日民族统一战线也在艰难中逐步形成。尽管工作繁忙，但文学创作始终是丁玲心中的坚守。据她回忆，《一颗未出膛的枪弹》正是她担任副主任期间的心血之作[3]。

这部小说将背景设定在红军长征之后的陕北地区。故事聚焦于一个掉队后被老百姓藏在家中的小红军战士。他初到老太婆家中时，小心翼翼地隐藏自己的身份，一心只想尽快归队。然而，村子里淳朴善

---

[1] 袁良骏：《丁玲研究资料》，知识产权出版社，2011 年，第 15 页。

[2] 王增如、李向东：《丁玲年谱长编》，天津人民出版社，2006 年，第 124 页。

[3] 丁玲：《一颗未出膛的枪弹》，《丁玲全集》第 9 卷，河北人民出版社，2001 年，第 32-33 页。

良的人们逐渐打动了他，他开始热情地向大家宣传抗日思想以及红军的理念。但命运弄人，他不幸被国民党军队抓捕。小说最为震撼人心之处，是敌人在村子里搜查时，从小红军裤带上发现了那顶扎着红五星的帽子[4]。面对国民党的威逼恐吓，小红军毫无惧色，坚定地回应："怕死不当红军。"[5] 当听闻敌人要用一颗子弹处决他时，他镇定自若地说道："还是留着一颗枪弹吧，留着去打日本！你可以用刀杀我！"[6] 这掷地有声的话语，让在场的每一个人都深受触动，就连原本要枪杀他的东北军连长也被彻底感动，最终，那颗子弹并未出膛。

在这部小说中，"他也被举起来了"这一情节有着深刻的隐喻，象征着众人良知的觉醒。无论是普通群众还是国民党中的有识之士，都对小红军宣传的"红军是革命的军队，是为着大多数工人农民谋利益的……我们红军当前的任务，就是为解放中华民族而奋斗，要打倒日本帝国主义，因为日本快要灭亡中国了，一切不愿做亡国奴的人都要参加红军去打日本……"[7] 这些话语表示认可，达成了一致抗日的共识。

此外，小说中多次对主人公那顶扎着红五星的帽子进行细致描写，这一关键细节生动地凸显了红五星在他心中的崇高地位，它不仅是小红军的信仰象征，更是他为之不懈奋斗的目标。小红军作为作品的核心人物，虽年纪尚小，却拥有坚定的抗日信念和大无畏的英雄气概，他代表着红军的新生力量和坚不可摧的意志，是当时不断发展壮大的红军队伍的生动写照。

而小说结尾处，东北军连长被小红军坚持抗日的决心所打动，两人紧紧拥抱在一起，这一场景寓意着国民党军队中有识之士的觉醒。丁玲通过这一情节，象征着共产党在复杂严峻的国内形势下，始终坚定不移地推行统一战线、共同抗日的方针，努力团结一切可以团结的力量，共御外敌，进行全民族的抗战。这既体现了国共联合抗日的伟

[4] [5] [6]丁玲：《一颗未出膛的枪弹》，《丁玲全集》第4卷，河北人民出版社，2001年，第130-131页。

[7]丁玲：《一颗未出膛的枪弹》，《丁玲全集》第4卷，河北人民出版社，2001年，第126页。

大精神，也表达了对东北军的认同。这种认同感源于丁玲的亲身经历，她从南京前往陕北时，途经东北军管辖区域，在肤施会谈后[8]，这片区域开辟了一条至关重要的交通线，成为人员、物资进入苏区的重要通道。正是在东北军的护送下，丁玲才得以顺利抵达党中央所在地，投入党的温暖怀抱。这段经历自然而然地融入到了她的创作之中。

小说一经出版，便如巨石投入时代的洪流，在社会各界激起强烈反响，得到了广大人民群众的高度认同。它宛如一座坚固的文艺堡垒，为抗日民族统一战线的巩固与发展发挥了重要作用，同时也预示着中华民族凭借着英勇无畏的民族精神，必将战胜日本侵略者，赢得抗战的最终胜利。

---

[8]李向东、王增如：《丁玲传》，中国大百科全书出版社，2015年，第144页。

《窑工》：解放区文艺的战斗号角

1946年3月，一部承载着时代重量与革命精神的三幕话剧《窑工》在丁玲、陈明和逯斐等同志的共同努力下诞生[1]。这部话剧最初名为《"望乡台"畔》，1949年大众书店出版单行本时，正式定名为《窑工》[2]。如今，丁玲纪念馆中珍藏的，正是1949年12月大众书店出版的那一版。橙黄老旧的封面，仿佛一页历史的残片，其上描绘的瓦窑厂工人劳作场景，无声诉说着那段激昂岁月。

1949年大众书店出版出版《窑工》丁玲、陈明、逯斐著

《窑工》的创作缘起于抗日战争胜利后的复杂局势。1945年，抗战胜利，但国内局势波谲云诡，蒋介石妄图挑起内战。党中央敏锐洞察到文艺在发动群众、组织群众、巩固胜利成果以及巩固新区中的关键作用。为实现解放全国的伟大革命目标，以延安鲁迅艺术学院为核心，组织了两个文艺工作团，奔赴各地开展文艺宣传工作[3]。丁玲、逯斐等人奉命前往东北解放区，1945年11月底抵达张家口后滞留，便就地开展工作。他们不顾长途跋涉的疲惫，深入农村采访、游学，积极投身各类文艺活动，排演《俄罗斯人》《三打祝家庄》等戏剧。在此期间，丁玲还先后担任《晋察冀日报》文艺副刊主编、《长城》主编等职务，为解放区文艺事业贡献力量。

1946年1月8日，丁玲代表延安文艺界在华北联大礼堂联欢会上发表讲话。随后，她与陈明、逯斐等同志前往宣化采访，仅用短短一周时间，便创作出三幕七场话剧《窑工》。这部作品成为解放区文学

---

[1] [2] 王增如、李向东：《丁玲年谱长编》，天津人民出版社，2006年，第193页。

[3] 王增如、李向东：《丁玲年谱长编》，天津人民出版社，2006年，第190页。

中最早展现工人斗争生活的经典之作[4]。

《窑工》将时代背景设定在抗日战争末期至解放战争爆发前夕这一关键历史转折点，通过细腻呈现瓦窑厂工人的生活与斗争场景，生动展现了窑工们从深受压迫、懵懂不觉悟，到在党的引领下逐渐觉醒，进而团结起来展开斗争的艰辛历程。它不仅唤醒了工人阶级的阶级意识，让广大工人群众深刻认识到自身力量与历史使命，还深刻反映出社会从抗战向解放战争过渡阶段，底层人民在社会变革中的艰难处境与勇敢抉择，将当时尖锐的阶级矛盾与民族矛盾暴露无遗。《窑工》无疑是时代的忠实记录者，也是社会变迁的有力见证者。

尽管丁玲的剧作艺术成就或许不及她的小说，但将其置于当时的历史背景与文化语境中审视，便能发现其蕴含的强大政治思想张力。作品中始终贯穿着唤起民族斗争精神、激励革命斗志、坚定必胜信念的激昂主旋律。《窑工》的问世，对启发工人阶级和广大群众的阶级觉悟意义重大，让人们清晰认识到团结斗争的重要性，极大地激发了民众投身革命、反抗压迫的热情，为推动社会变革发挥了积极的宣传作用。

此外，《窑工》以窑工这一特定群体作为创作对象，在当时的话剧创作领域独树一帜，具有鲜明的创新性，成功拓展了文艺创作的题材范围，为后世创作者提供了全新的思路与方向。在艺术表现方面，该剧融合现实主义创作手法，注重人物形象的精雕细琢与情节的跌宕起伏，对推动中国现代话剧艺术风格的发展与成熟起到了不可忽视的积极作用。

---

[4]《延安鲁艺史料汇编》，中央文献出版社，2005年，第189页。

《陕北风光》：革命文物的多重面相

　　《陕北风光》是一部以报告文学为主，兼具散文特点的文集，目前已知的版本有两个，一个是 1948 年 11 月新华书店东北总分店的初版本，一个是丁玲纪念馆藏 1950 年 6 月北京修订初版后，同年 9 月在上海新华书店出版的灰蓝纸面版本，其中 16 页和 19 页有石鲁为其绘制的插图。书籍的封面和内页上还有五个印章在泛黄的页面间，铭刻下往昔的珍藏与流转的痕迹。除了"华东军政委员会卫生部 苏州干部医院图书""苏州古旧书店门售"2 个印章较为清晰，其它都已模糊不清。这部

1950 年新华书店出版《陕北风光》丁玲著

至今仍散发着延安黄土地质朴气息的文集，不仅承载着特定历史时空的文学记忆，也因其生成机制与传播轨迹，成为解码 20 世纪中期中国革命文艺转型的珍贵文物。

　　《陕北风光》初版本采用解放区特有的马兰纸印刷，纸张的粗糙肌理与文字的革命激情形成微妙共振。封面装帧以动感的行书字书名配合象征光明的陕北风景，以简洁明快的线条勾勒出陕北的地貌轮廓，用深浅对比的色调突出黄土高原的厚重质感，标志性的宝塔山占据视觉中心，搭配下方的窑洞、行人与骡马等元素，形成具有地域特色的场景，以质朴的画面传递出陕北的风土人情与生活气息。"风光"之中政策、自然、生活与人群获得的整体性通融，是丁玲为其作品集命名的来由[1]，也是《在延安文艺座谈会上的讲话》精神在出版领域的具象化呈现。

---

[1]范雪：《陕北风光：文学的写尽政策与政策之外》，《中国现代文学研究丛刊》作家出版社，2023 年第 11 期，第 16 页。

《陕北风光》创作于抗日战争后期到解放战争初期，其中作品均为丁玲在陕北时期的亲身经历和见闻[2]。1942年，延安文艺座谈会召开，明确了文艺为工农兵服务的方向，强调文艺工作者要深入生活、扎根人民[3]。这为丁玲的创作提供了理论指导和方向指引，促使她从一个追求个性解放的作家转变为革命文艺工作者。她深入陕北农村和边区建设一线，聚焦普通工农兵的生活与斗争，于1944—1945年间，创作了描绘陕北乡村生活风貌的散文《三日杂记》，刻画人物群像、反映边区建设成就的报告文学《田保霖》《记砖窑湾骡马大会》《民间艺人李卜》《袁广发》等作品。书中塑造的一系列生动的人物形象真实地反映了陕北边区在政治、经济、文化、贸易交流等方面的建设情况，展现了边区普通民众在新政策下积极投身生产建设、努力改变生活的精神面貌，凸显了民间艺术在边区的价值和意义。对打破国民党的信息封锁，鼓舞全国人民的抗日士气，丰富群众的精神文化生活，提高边区群众的文化素质和思想觉悟起到了积极作用。

《陕北风光》中塑造的劳动模范群像，构成革命文艺新型人物谱系的雏形。田保霖这个合作社主任的形象塑造，突破了传统小说心理描写的窠臼，其身体姿态与劳动场景的工笔描摹，形成具有纪念碑性质的文学造型。丁玲用"田保霖把两手抱在胸前，显出一副迷惑的笑容，把区长送走了之后，便在窑前的空地上蹲了起来。"[4]这类物质性比喻，将政治意识形态编码进身体修辞，使人物成为革命美学的物质载体。文本中频繁出现的算盘、纺车、锄头等器物，在文学空间中被赋予仪式化功能。妇纺竞赛会现场"二十五辆车子一起转动起来了"[5]的视觉奇观，将生产工具转化为革命剧场中的表演道具。这种器物书写策略，使日常劳动升华为政治仪式，在文本层面预演着新社会生产关系的美学建构。

[2]丁玲：《陕北风光》校后感，《丁玲全集》第9卷，河北人民出版社，2001年，第50页。
[3]丁玲：《要为人民服务得更好——纪念毛泽东同志〈在延安文艺座谈会上的讲话〉发表十周年》，《丁玲全集》第7卷，河北人民出版社，2001年，第305页。
[4]丁玲：《田保霖》，《丁玲全集》第5卷，河北人民出版社，2001年，第150页。
[5]丁玲：《三日杂记》，《丁玲全集》第5卷，河北人民出版社，2001年，第167页。

《陕北风光》是丁玲创作风格转变的标志，是丁玲从早期注重个人情感抒发转向关注社会现实、服务大众的重要转折点[6]。在《陕北风光》中，陕北农村和边区建设中丰富的创作题材拓宽了丁玲的创作领域，她的语言风格开始融入地方特色。"尔刻""婆姨""窑脑"等词汇的植入，不仅是地域色彩的渲染，也是通过对方言的文化赋权，解构知识分子的语言特权，建构平等的话语体系。这种语言实验与解放区识字运动形成深层共振，使文学文本成为语言革命的试验场。而多种叙事视角、注重故事性与纪实性结合的叙事手法，也增强故事的真实感和亲切感，使作品更具客观性和全面性，有效传达了边区的实际情况和时代精神。

　　可以说，《陕北风光》是体现丁玲在特定历史时期对文艺为人民服务、为革命事业服务这一使命的积极践行和生动诠释，展现了她作为作家的社会责任感和使命感。而作为中国革命文艺转型期的典型样本，《陕北风光》的物质形态与文本结构共同构成了多重意义的交织体。其泛黄的纸页既是作家个体精神嬗变的化石层，也是集体性文艺生产的活体解剖图。当我们将这部文集放置在革命文物的光谱中观察，便能发现其装帧设计、语言策略等元素构成的复杂意义网络，正在持续释放着解码 20 世纪中国文学政治化的密钥。它的创作与出版，不仅为研究抗战时期陕北边区的历史提供了珍贵的第一手资料，在文学创作上也为后世作家提供了范例，丁玲深入生活、扎根人民的创作方法，以及将文学与时代紧密结合的创作理念，对推动中国现代文学的发展具有重要的启示和借鉴作用。

---

[6]丁玲：《关于立场问题我见》，《丁玲全集》第 7 卷，河北人民出版社，2001 年，第 67 页。

丁玲与《一二九师与晋冀鲁豫边区》的时代印记

1950年，北京新华书店印行的《一二九师与晋冀鲁豫边区》一经问世，便以其独特的文学视角和深刻的历史价值引起广泛关注。书籍封面以质朴庄重的黄白为主色调，上方的黑色人物图案，虽未明确细节，但仿佛展现出战争年代军民共同奋战的场景。书名"一二九师与晋冀魯豫邊區"以繁体金色字体呈现，凸显其历史厚重感。"敵後抗日根據地介紹"的标注，点明书籍核心内容是对晋冀鲁豫敌后抗日根据地的讲述。这部作品不仅记录了中国共产党领导的抗日武装在晋冀鲁豫边区的斗争历

1950 年 7 月新华书店出版丁玲
著《一二九师与晋冀鲁豫边区》

程，更展现了丁玲作为一位革命作家的创作才华。如今，这部作品被丁玲纪念馆列为珍贵文物，其文物价值与历史意义不言而喻。透过这部红色经典，我们得以窥见一个时代的革命风云，感受一位作家的精神追求。

一、战火中的文学见证

丁玲在抗战时期深入晋冀鲁豫边区，亲身经历了一二九师将士们的战斗生活[1]。她以细腻的笔触记录了根据地军民团结抗战的动人场景，描绘了八路军将士英勇杀敌的壮烈画面。作品中，既有对重大战役的宏观叙述，也有对普通战士生活细节的微观刻画，展现出一幅立体鲜活的抗战图景。

在创作过程中，丁玲坚持"深入生活、扎根人民"的创作理念[2]。

---

[1] 王增如、李向东：《丁玲年谱长编》，天津人民出版社，2006 年，第 131-134 页。

[2] 丁玲：《要为人民服务得更好——纪念毛泽东同志〈在延安文艺座谈会上的讲话〉发表十周年》，《丁玲全集》第 7 卷，河北人民出版社，2001 年，第 305 页。

她与战士们同吃同住，倾听他们的战斗故事，感受他们的喜怒哀乐。这种真实的体验使她的作品充满生活气息，人物形象栩栩如生，情节描写真实可信。

作品采用纪实文学的手法[3]，将历史真实与艺术真实完美结合。丁玲以文学家的眼光观察历史，以历史学家的严谨记录事实，使作品既具有文学价值，又具有史料价值。

二、革命文学的艺术探索

丁玲在作品中开创了独特的叙事风格。她将个人命运与时代风云交织，通过小人物的故事反映大时代的变迁。这种叙事方式既保持了革命文学的宏大叙事传统，又注入了人性化的表达，使作品更具艺术感染力。

在人物塑造上，丁玲突破了传统革命文学的模式化倾向。她笔下的人物既有坚定的革命信念，又有丰富的情感世界。通过细腻的心理描写和生动的细节刻画，塑造出一群有血有肉的革命者形象。

作品的语言风格朴实自然，富有地域特色。丁玲善于运用群众语言，使作品既通俗易懂，又富有文学韵味。这种语言风格使作品更容易被广大群众接受，达到了很好的宣传效果。

三、红色经典的时代价值

《一二九师与晋冀鲁豫边区》创作于1944年7月的延安，是丁玲为纪念抗战七周年而写的[4]。从创作到出版，虽然因当时复杂的历史背景和出版条件限制导致跨度较长，但把这部真实记录了晋冀鲁豫边区军民抗战历史的重要作品，安排在1950年新中国成立初期出版，却正好契合了当时国家对革命历史的宣传需求，具有重要的历史文献价值。为后人研究这段历史提供了宝贵的第一手资料。作为革命文物，它见证了中国共产党领导人民抗战的光辉历程。

在文学史上，这部作品标志着丁玲创作风格的成熟[5]。她将革命现

---

[3] 丁玲：《谈写作》，《丁玲全集》第8卷，河北人民出版社，2001年，第261页。

[4] 丁玲：《一二九师与晋冀鲁豫边区》自序，《丁玲全集》第9卷，河北人民出版社，2001年，第57页。

[5] 夏志清：《中国现代小说史》，香港中文大学出版社，2001年，第289页。

实主义与革命浪漫主义相结合，开创了革命文学的新境界。这种创作风格对后来的革命文学创作产生了深远影响。

对当代读者而言，这部作品具有重要的精神启示。它展现了革命先辈们坚定的理想信念和崇高的革命精神，激励后人继承革命传统，为实现中华民族伟大复兴而奋斗。

站在新的历史起点回望，《一二九师与晋冀鲁豫边区》依然闪耀着不朽的光芒。这部作品不仅是丁玲文学创作的重要成果，更是中国革命文学的经典之作。它记录了一个时代的革命风云，传承着永恒的革命精神。作为珍贵的革命文物，它将继续发挥其独特的历史价值和艺术魅力，激励着一代又一代读者。在新时代的征程中，这部红色经典必将焕发出新的生机与活力。

丁玲《延安集》与延安文艺的精神图谱

在丁玲纪念馆恒温恒湿的库房中,《延安集》泛黄的书脊如同凝固的时光切片,将1940年代的延安窑洞、延河涛声与新中国初期的意识形态美学,定格成一部可触摸的革命文艺档案。这部由人民文学出版社1954年推出的文集,以米黄色封面上的宝塔山剪影为图腾,既见证着丁玲从都市作家向革命文人的精神蜕变,亦折射出中国现代文学转型期的复杂光谱。

1954年人民文学出版社出版
《延安集》丁玲著

一、红色书脊:时代的文学证言

1954年出版的《延安集》,其装帧设计形成了一个微型意识形态剧场:苍劲的毛笔题签与传统线装书形制暗合文化正统性,宝塔山图案如革命徽章般烙印于书面,使"延安"从地理坐标升华为精神符号。这种视觉政治在新中国亟需建构革命文学谱系之际,它既是对解放区文艺的历史追认,亦是对新生共和国文学方向的仪式化确认。

文集收录的《我在霞村的时候》[1]《夜》[2]等作品构成独特的战时写作编年史。丁玲以手术刀般的笔触剖解着战争年代的人性光谱:《我在霞村的时候》通过少女贞贞从日军凌辱受害者到革命通讯员的蜕变轨迹,揭示个体觉醒与集体革命的辩证关系;《夜》中乡指导员何华明于煤油灯下处理公文的身影,则成为"新人物"诞生的文学造影。这些文本如多棱镜般,既映照知识分子的启蒙焦虑,亦记录民间社会的革命萌蘖,在艺术真实与政治诉求间维系着微妙张力。

---

[1] 丁玲:《我在霞村的时候》,《丁玲全集》第4卷,河北人民出版社,2001年,第214—233页。

[2] 丁玲:《夜》,《丁玲全集》第4卷,河北人民出版社,2001年,第254—261页。

需特别指出，丁玲在延安时期的创作始终秉持文学真实性原则。通过深入生活，扎根群众，以朴实语言描绘普通人的故事，充盈着生活气息与时代精神。

二、叙事重构：民间话语的革命书写

《延安集》的文学史价值，在于其开创的"延安叙事语法"[3]。在《三日杂记》[4]中，丁玲创造的"行走体"叙事颠覆了左翼文学精英视角——知识分子漫游轨迹与农民耕作路线在黄土高原上交叠，形成阶级融合的空间诗学。当陕北方言中"受苦人""婆姨"等词汇渗入文本肌理，不仅建构出革命地理学的方言地图，更昭示知识分子须通过语言改造实现身份转换。

此类叙事革命在《在医院中》[5]达至美学巅峰。小说借女医生陆萍的视角揭露革命机体中的官僚主义病灶，却终以"思想改造"完成叙事闭环。丁玲以现实主义勇气触碰革命内部复杂性，又在政治规训下将矛盾收束于光明结局。这种叙事的自我撕裂，恰恰成为解读延安文艺特殊性的关键密码。

值得关注的是，丁玲通过笔下为理想奋斗的人物群像，既展现特定时代革命者的精神境界，亦触及文学永恒的理想主义主题。

三、身份蜕变：从"莎菲"到"武将军"的精神图谱

作为丁玲文学转型的物质见证，《延安集》完整呈现其从"莎菲女士"到"武将军"的身份蜕变轨迹。从《在医院中》对知识分子与工农关系的思考，到《新的信念》[6]中革命女性形象的塑造，创作重心经历从个人命运转向社会现实、从心理分析转向行动描写的显著位移，标志着作家在延安实践中完成思想改造。

当丁玲穿着粗布军装与农民同吃同住时，文学创作已从书斋的精

---

[3] 洪子诚：《中国当代文学史》，北京大学出版社，1999年，第57页。（延安叙事语法定义）

[4] 丁玲：《三日杂记》，《丁玲全集》第5卷，河北人民出版社，2001年，第158-171页。

[5] 丁玲：《在医院中》，《丁玲全集》第4卷，河北人民出版社，2001年，第234-253页。

[6] 丁玲：《新的信念》，《丁玲全集》第4卷，河北人民出版社，2001年，第161-180页。

神体操演变为革命实践的物质延伸。作品主人公由孤独的知识分子转向觉醒民众。作家身份认同亦发生根本转变——从单纯作家转换为革命战士。这种转变赋予其创作更强烈的现实关怀与更深厚的时代精神。

需要强调的是，当下重审《延河集》，会发现它不仅是丁玲文学转型的物质见证，更是中国现代文学发展历程中的一个重要坐标。它提醒我们，文学创作须扎根现实又超越时代，以艺术之力记录历史、启迪未来。

如今，《延安集》的纸页正在不可逆地脆化，其中封存的时代精神却愈发明晰。这部文集的价值不仅在于记录特定历史时期的文学样态，更在于保存知识分子与时代对话的精神密码。那些微卷的书页边缘，仍诉说着革命、文学与人性复杂纠缠的永恒命题。穿越六十载时光尘埃，我们仍可触摸文字背后那个炽热而矛盾的时代体温。

探析《文艺报》试刊合订本在
新中国文艺建设中的重要作用

丁玲纪念馆的玻璃展柜里，1949年5月4日创办的《文艺报》合订本静默地陈列着。这份由中华全国文学艺术工作者代表大会筹委会编辑、新华书店发行的珍贵合刊，完整收录了1949年5月4日至7月28日期间出版的13期试刊报纸[1]，其中首期为创刊号，后12期以周刊形式伴随第一次文代会全程。泛黄的纸张上，铅字记载的不只是发刊词与文艺评论，更镌刻着新中国文艺建设的原始密码。作为新中国文艺体制的"胚胎标本"，它不仅是第一次文代会的

1949年出版《文艺报》合订本
（第1-13期）

会刊，更承载着建构社会主义文艺制度的原始基因。从泛黄纸页间"急起直追参加革命建设工作"[2]的醒目标题，到贺绿汀关于"洋嗓子的问题"的技术探讨，这份合订本以微观视角凝固了文艺转型期的多重面向。

一、物质载体中的历史镜像

这册合订本的物质性特征本身即是珍贵的历史见证。手工装订的牛皮纸封面泛黄缺损，上方的红色矩形区域内印着白色"文艺报"三字 。下方注明"合订本 一至十三期"，还有一段文字说明及日期"一九四九年十一月十五日"。翻开封面，油墨不均的铅字折射出建国初期物质条件的匮乏。内页中频繁出现的"革命建设""苏联文

---

[1]《文艺报》试刊，1949年5月4日创刊号版权页标注"文学周刊"，第2-13期改为周刊。

[2]范文澜：《急起直追参加革命建设工作》，《文艺报》合订本第1期，1949年5月4日创刊号，第2页。

艺""人民文艺"等关键词，构成特殊的时代语码。作为丁玲遗物中的核心文献，这套合订本完整记录了《文艺报》从临时会刊到国家文艺阵地的身份转换。封面上丁玲用铅笔勾勒的物质痕迹也早已超越普通出版物，成为新中国文艺领导权建构的立体见证。

二、编辑实践里的范式革命

作为制度试验的操盘手，丁玲团队在试刊中展现出惊人的议程设置能力。从首期发刊词强调"建立新的文艺组织"，到终刊号预告全国文协章程草案，13期报纸构建起完整的制度想象链。在"文艺兵"概念的塑造中，可见编辑团队的策略性设计：第二期头条《抛弃旧趣味》[3]与第三期《谈中国画的改造》[4]形成文本的双重规训。这种多模态传播策略，在茅盾点评《关于<虾球传>》[5]的专论中达到高峰——通过经典文本阐释，悄然确立革命现实主义的批评范式。

合订本中三次座谈会的完整记录，更构成独特的"声音档案"。从第一次会议记录的速记稿，到第三次会议的油印定本，文本形态的演变暗示着话语机制的成熟。在关于"文艺评奖标准"的讨论页边，不同代表签名的密集分布，与最终出台的评选条例形成因果链，使文物成为决策过程的解剖样本。

三、文本褶皱中的观念博弈

在"建设新文艺"的主流叙事之下，合订本暗藏的观念张力更显珍贵。第五期《略论国统区三年来的电影运动》的专论中，作者在肯定进步性的同时，对"小资产阶级情调"的谨慎批评[6]，折射出解放区文艺观的渗透过程。而在第七期中"西北文学艺术工作者"《关于美术品评选工作的建议》[7]，则暗示着民族形式与现代性之间的持久论争。这些批评、建议、论争使合订本超越了政策传声筒的功能，成为观察文艺转型复杂性的多棱镜。

---

[3]王朝闻：《抛弃旧趣味》，《文艺报》合订本第2期，1949年5月12日，第1页。

[4]彭革：《谈中国画的改造》，《文艺报》合订本第3期，1949年5月19日，第1页。

[5]茅盾：《关于〈虾球传〉》，《文艺报》合订本第4期，1949年5月26日，第1页。

[6]杨翰笙：《略论国统区三年来的电影运动》，《文艺报》合订本第5期，1949年6月2日，第1页。

[7]力群：《关于美术品评选工作的建议》，《文艺报》合订本第7期，1949年6月16日，第3页。

丁玲与《中国》：
以生命之火书写文学改革的时代篇章

1984年，80岁高龄的丁玲以"民办公助"形式发起创办文学杂志《中国》。文化部下达批文时虽然强调"《中国》是中国作协的刊物，不是民办公助刊物"[1]，最终刊物也仅存续两年，却在1980年代的文学版图中留下了浓墨重彩的一笔。它不仅承载了丁玲晚年对文学理想的执着追求，更成为改革开放初期文学体制变革的先锋实践。1986年，随着丁玲的逝世，《中国》杂志也在同年底停刊。终刊号上的《<中国>备忘录——终刊致读者》[2]，以沉痛的笔触道尽了时代浪潮下的无奈与坚

1986 年中国作家协会编辑《中国》文学双月刊、终刊号

守。如今，这份终刊号作为丁玲纪念馆的珍贵文物，无声诉说着一位文学巨匠为理想燃尽的最后火焰。

一、破冰之举：体制夹缝中的文学突围

在计划经济主导的文化体制下，《中国》以"民办公助"模式诞生，打破了传统期刊完全依赖国家拨款的惯例 。丁玲通过个人影响力争取到中国作协的有限支持，同时吸纳社会资金，探索了一条"自主办刊、自负盈亏"的新路径。这种尝试在1980年代初期堪称大胆。这种突破体制的勇气，体现了丁玲对文学独立性的坚持，也为后来期刊市场化改革提供了先行经验。

---

[1] 李向东、王增如：《丁玲传》，中国大百科全书出版社，2015 年，第 738 页。
[2] 《<中国>备忘录——终刊致读者》，《中国》文学月刊终刊号，河南文艺出版社，1986 年 12 期，第 1-3 页。

二、文学理想的多元熔炉

《中国》的办刊宗旨是"为老作家提供阵地，为新人开辟园地"。在短短18期的出版历程中，它既刊载了魏巍《那边，延河上空有一颗星》（1985年第2期）、舒群《黄河女》（1985年第6期）等文坛耆宿的晚年力作，也推出了残雪《黄泥街》（1986年第2期）、北岛《和弦（外一首）》（1985年第1期）等先锋作品[3]。这种兼容并蓄的编辑方针，打破了当时文坛的派系壁垒。

三、时代变革的精神镜像

《中国》的短暂存在，深刻反映了1980年代文化转型期的多重张力：

思想解放的先锋性：在"清除精神污染"[4]运动余波未平之际，《中国》坚持刊发具有现代主义倾向的作品，如马原的叙事实验小说，实质上参与了新时期文学观念的革新。

代际更迭的见证者：通过"青年创作专辑"等栏目，《中国》成为"朦胧诗后"新生代诗人的重要发声平台，北岛、顾城等人的诗作在此获得更自由的表达空间。

体制改革的试验田：杂志尝试建立编委会民主决策机制，在人事管理、稿件遴选等方面突破传统作协系统的层级束缚，这种组织创新成为后来文学期刊改革的参照样本。

四、未竟的理想与永恒的火种

1986年3月丁玲逝世后，《中国》在年底被迫终刊。终刊号上的《备忘录》直言停刊源于"难以克服的困难"，字里行间透露出体制转型期的深层矛盾：既要维护文学自主性，又无法完全摆脱行政干预；既要追求艺术创新，又需应对市场压力。这份沉痛的告别书，成为1980年代文学期刊命运转折的见证。

---

[3]《〈中国〉全部期刊目录》，《中国》文学月刊终刊号附录三，河南文艺出版社，1986年12期，第254-265页。

[4] 在1983年10月党的十二届二中全会上，邓小平明确指出，思想战线不能搞精神污染。《邓小平年谱（1975-1997）》下，中央文献出版社2004年版，第1161-1162页。

但《中国》的遗产远超其存续时间。它培养的作家群体持续影响着当代文学，其"以刊带人"的编辑理念被《收获》《钟山》等刊物继承。更重要的是，丁玲通过这本杂志展现了知识分子的担当——在生命的最后岁月，她以病弱之躯坚持审稿、参会，甚至亲自撰写发刊词，将杂志视为"留给后来者的文学火种"。如今，静静陈列于丁玲纪念馆的终刊号，不仅是历史的物证，更象征着文学改革者永不停息的精神脉动。在文化多元发展的今天，重读《中国》的探索之路，依然能触摸到那个激荡年代里，文学如何以坚韧的姿态叩击时代之门。

从《整风文献》看丁玲与时代的紧密交织

1949 年解放社编、新华书店发行的《整风文献》被列为丁玲纪念馆藏珍贵文物，这本看似普通，却蕴含着丰富历史内涵的书籍，是理解丁玲文学创作与人生轨迹的关键文本。《整风文献》作为延安整风运动的重要文献汇编，不仅记录了中国共产党在 20 世纪 40 年代的思想整顿历程，也深刻影响了当时的知识分子和文艺工作者。丁玲作为中国现代文学的代表人物，其思想与创作的转变与整风运动密切相关 [1]，体现了她与时代的紧密交织。

1949 年解放社编新华书店发行
《整风文献》

1949 年是中国历史的重要转折点。随着新中国的成立，中国共产党面临着从革命党向执政党转变的重大挑战。整风运动作为党的建设的重要举措，旨在统一全党思想，巩固新生政权。《整风文献》的出版正是这一历史背景下的产物。

该书收录了毛泽东《改造我们的学习》《整顿党的作风》《反对党八股》等重要文献，系统阐述了整风运动的理论基础和实践要求。这些文献不仅是党内教育的教材，更是新中国思想文化建设的重要指导文件。

《整风文献》作为解放社编、新华书店发行的出版物，它的出版发行体现了新中国成立初期出版事业的特点。解放社作为党的出版机构，新华书店作为主要发行渠道，共同构建了新中国的出版发行体系 [2]。

丁玲作为中国现代文学史上的重要作家，不仅才华横溢，更是积

[1] 李向东、王增如：《丁玲传》，中国大百科全书出版社，2015 年，第 278 页。
[2] 宋应离：《中国当代出版史料》，大象出版社，1999 年，第 45 页。

极投身革命事业。在延安时期，她深度参与了整风运动，思想与创作都经历了深刻的转变。整风运动前，丁玲的作品多关注个人情感与女性命运；运动后，她深入群众，以笔为武器，反映工农兵生活，展现革命斗争[3]。《整风文献》中的思想无疑为丁玲的转变提供了理论依据与思想动力，促使她从个人化写作走向更广阔的社会叙事，关注民族解放与人民幸福。这种转变在她的《太阳照在桑干河上》等作品中得到充分体现。丁玲对《整风文献》的理解和接受，反映了一代知识分子在特定历史时期的思想历程。她的经历既是个人的，也具有普遍性，代表了许多知识分子在新中国成立前后的思想转变。

作为馆藏珍贵文物，《整风文献》的版本特征具有重要的文物价值。1949 年版的装帧设计、印刷质量、纸张特征等都反映了新中国成立初期出版物的特点，是研究新中国出版史的重要实物资料[4]。此外，它还是时代的记录者。它的历史价值不仅在于其内容，更在于它见证了新中国成立初期思想文化建设的历程。它是研究中国共产党思想建设史、新中国文化史的重要文献。

通过这本《整风文献》，我们可以深入理解新中国成立初期的思想文化建设，以及知识分子在特定历史时期的思想转变，为研究丁玲的创作、研究新中国文学史提供了重要参考。通过它，后人能够理解时代思潮如何塑造作家，作家又如何以文字回应时代。它不仅是一本书，更是一座桥梁，连接着历史与现在，让我们在与文物的凝视中，触摸到先辈们在思想革命浪潮中奋进的精神脉搏，铭记那段党自我革新、不断前行的峥嵘岁月。

这本《整风文献》作为丁玲纪念馆的藏品，不仅是一件文物，更是一个时代的见证。它帮助我们理解新中国成立初期的思想文化建设，理解丁玲等一代知识分子的心路历程。在新时代，重新审视这份文献，有助于我们更好地理解历史，思考当下，展望未来。

---

[3] 王中忱：《丁玲与解放区文学》，北京大学出版社，2005 年，第 93 页。
[4] 国家文物局：《文物藏品定级标准》，文化部令第 19 号，2001 年 4 月 9 日。

《跨到新的时代来》：
丁玲创作转型与新中国文艺政策的交汇点

《跨到新的时代来》是丁玲在新中国成立初期创作的一部重要作品，它不仅标志着丁玲个人创作的转型，也是新中国成立初期文艺政策与知识分子思想改造运动的重要见证。该书由人民文学出版社于1951 年首次出版，次年即推出第二版，反映了当时社会对"新文艺"的迫切需求。现存版本多为平装、32 开本，封面设计朴素，符合新中国成立初期"大众化"的出版风格。书中繁体竖排的排版方式，既保留了民国时期的印刷传统，又逐渐向简体横排过渡，成为新旧文化交替的视觉符号。

1951 年人民文学出版社出版
《跨到新的时代来》丁玲著

新中国成立初期，文艺创作急需从旧时代向新时代转变。丁玲在被赋予新的政治身份后[1]，其创作呼应了"跨到新的时代"的时代命题，强调创作必须"从无产阶级立场出发"[2]，并要求文艺工作者"与工农兵结合"[3]，鼓励作家深入新社会生活，以新的视角和方法进行创作。这一思想指引推动了文艺创作在题材、主题和风格上的全面转型，促使大量反映新中国建设、人民生活的作品涌现。这些作品号召文艺为

[1] 王增如、李向东：《丁玲年谱长编》，天津人民出版社，2006 年，第 236 页。

[2] 丁玲：《关于立场问题我见》，《丁玲全集》第 7 卷，河北人民出版社，2001 年，第 67 页。

[3] 丁玲：《延安文艺座谈会的前前后后》，《丁玲全集》第 10 卷，河北人民出版社，2001 年，第 282 页。

人民服务、为社会主义服务，强调文艺的教育功能，对凝聚社会精神力量起到了积极作用。

书中对文艺与生活、文艺与政治等关系的论述，丰富和发展了中国现代文艺理论，为新中国文艺理论体系的构建奠定了基础，对后来的文艺理论研究和批评实践产生了深远影响。丁玲关于文艺源于生活又高于生活的观点，成为后来文艺理论教材中的重要内容。而书中对"小资产阶级情调"的批判和对"人民性"的倡导[4]，反映了新中国成立初期对文学阶级性的强化要求。从文物研究的角度，这些文本不仅是思想史的材料，更是特定时期意识形态的物质化呈现。

《跨到新的时代来》的文物价值在于其物质形态承载的历史细节和文本内容折射的时代精神。它作为丁玲从"现代"走向"当代"的过渡性作品，是个人创作的转折点，也是新中国文艺体制建构的见证。通过这部作品，我们可以窥见新中国成立初期文艺政策的实施与知识分子思想改造的历程，以及文艺创作在社会变革中的重要作用。

---

[4]丁玲：《跨到新的时代来》，《丁玲全集》第 7 卷，河北人民出版社，2001 年，第 200-208 页。

《欧行散记》：
丁玲散文创作中的文化碰撞与艺术探索

丁玲是中国现代文学史上的重要作家，其散文创作在文学史上占有独特地位。《欧行散记》[1]作为丁玲1950年代的代表作之一，不仅记录了她在欧洲的所见所闻，更展现了她在散文创作上的艺术探索与思想深度。本文将从《欧行散记》的创作背景、主题思想、艺术特色及其在丁玲文学创作中的地位四个方面，对这部作品进行深入解读。

1951年人民文学出版社出版
《欧行散记》丁玲著

一、《欧行散记》的创作背景

《欧行散记》创作于1950年代，这一时期丁玲的文学创作重心逐渐从小说转向散文。她在繁忙的行政工作之余，通过散文记录自己的生活与思考。丁玲曾提到，这一时期的创作更多是"顺着自己的思绪和感情"进行的[2]，体现了她对散文的自由性与自发性的追求。

欧洲之行是丁玲创作《欧行散记》的直接契机。她在旅途中不仅观察了欧洲的自然风光与人文景观，还通过与当地人的交流，深入思考了东西方文化的差异与交融。这种跨文化的视角为《欧行散记》注入了独特的文化内涵。

二、《欧行散记》的主题思想

1. 东西方文化的碰撞与融合

---

[1]丁玲：《欧行散记》，人民文学出版社，1951年。

[2]丁玲：《漫谈散文》，《丁玲全集》第8卷，河北人民出版社，2001年，第418页。

《欧行散记》通过丁玲对欧洲各地的描写，展现了东西方文化的碰撞与融合。例如，她在描写捷克布拉格时，不仅描绘了其古典建筑的美感，还通过对比中国传统文化，表达了对东西方艺术共通性的思考。

2. 个人情感与社会现实的交织

丁玲在散文中不仅记录了旅途中的见闻，还融入了对个人经历与社会现实的深刻反思。例如，她在描写匈牙利巴拉顿湖时，通过对自然景观的细腻刻画，表达了对自由与和平的向往，同时也隐含着对当时社会现实的关切。

3. 对自由与创作的追求

丁玲在《欧行散记》中多次提到散文创作的自由性。她认为散文是一种"文从己出"的写作形式[3]，能够更直接地表达作者的思想与情感。这种对自由创作的追求，贯穿了整部作品。

三、《欧行散记》的艺术特色

1. 叙事风格：小说化的散文表达

丁玲的散文常常带有小说化的叙事特点。在《欧行散记》中，她通过对人物与事件的细致描写，使散文具有了小说的情节性与画面感。例如，她在描写欧洲民宿时，不仅记录了环境，还通过对话与细节描写，展现了人物的性格与情感。

2. 语言风格：简洁与诗意的结合

丁玲的语言风格以简洁明快著称，但在《欧行散记》中，她也融入了诗意的表达。例如，她在描写荷兰海牙时，通过细腻的语言与意象，营造出一种宁静而悠远的氛围。

3. 文化视角：东方表达方式的独特性

《欧行散记》在描写欧洲文化时，始终保持着东方的文化视角。丁玲通过对比东西方艺术，展现了东方文化的独特魅力。例如，她在描写书法与欧洲风景的结合时，提出了将东方书法融入西方艺术的创新思路。

---

[3] 丁玲：《生活·创作·时代灵魂》，《丁玲全集》第8卷，河北人民出版社，2001年，第105页。

四、《欧行散记》在丁玲文学创作中的地位

1. 从小说到散文的创作转型

《欧行散记》标志着丁玲从小说创作向散文创作的转型。这一转型不仅体现了丁玲对文学形式的多样化探索，也反映了她对文学与生活关系的深刻思考。

2. 散文创作的思想意义与历史价值

《欧行散记》通过对欧洲文化的描写，展现了丁玲对全球化背景下文化交融的思考。这种思考不仅具有时代意义，也为当代文学创作提供了重要的借鉴。

3. 对丁玲文学形象的重新定义

《欧行散记》的出版，使人们重新认识了丁玲作为散文家的文学成就。这部作品不仅丰富了丁玲的文学形象，也为研究她的创作提供了新的视角。

《欧行散记》作为丁玲散文创作的代表作，不仅记录了她在欧洲的所见所闻，更展现了她对东西方文化的深刻思考与艺术探索。这部作品在丁玲的文学创作中占有重要地位，也为当代文学研究提供了丰富的素材。通过对《欧行散记》的解读，我们可以更全面地理解丁玲的文学成就，以及她在现代文学史上的独特地位。

丁玲与《红旗》杂志的精神对话

在中国当代文学史上，1958年至1988年间的《红旗》杂志犹如一面镜子，映照出社会主义文艺探索的艰辛历程。这套现藏于丁玲纪念馆的《红旗》杂志，不仅承载着一个时代的集体记忆，更记录了一位文学巨匠的精神轨迹。丁玲与《红旗》的渊源，超越了简单的作者与刊物的关系，展现了一位革命作家在时代洪流中的坚守与思考。

一、红旗飘扬：一个时代的文艺探索

《红旗》杂志创刊于1958年，正值新中国社会主义建设高潮时期。作为中共中央主办的理论刊物，《红旗》不仅承担着传播马克思主义理论的重任，也成为社会主义文艺探索的重要阵地。在创刊号上，毛泽东亲笔题写的刊名昭示着这份刊物肩负的特殊使命[1]。

在三十年的办刊历程中，《红旗》始终坚持以马克思主义文艺理论为指导[2]，积极推动社会主义文艺创作。刊物开设的文艺评论专栏，成为理论界探讨文艺创作规律、总结创作经验的重要平台。从"百花齐放"到"文艺为工农兵服务"，《红旗》见证了新中国文艺政策的演变历程。

作为党的理论刊物，《红旗》对文艺创作提出了明确要求：坚持社会主义方向，反映时代精神，塑造新人形象。这些要求既是对作家的指引，也是对文艺创作规律的深刻把握。在特定历史条件下，《红旗》为社会主义文艺发展提供了理论支撑和实践指导。

1987年12月16日，中央机构改革领导小组在中央、国务院机构改革方案中提出撤销《红旗》杂志社，由中央党校主办一个党内的理论刊物。1988年6月16日，《红旗》最后一期出版。杂志正文没有一字提及停刊，但封底"欢迎订阅求是杂志"的大标题下是"中共中央决定，

---

[1][3] 苗作斌：《红色书写：毛泽东题写报刊名轶事》，人民日报出版社，2012年2月。
[2]《红旗》杂志编辑部：《发刊词》，1958年6月第1期，第1页。

《红旗》杂志今年6月底停刊，《求是》杂志7月1日创刊"的字样。《红旗》就这样悄然地退出历史舞台[3]。

二、丁玲与《红旗》：一个作家的精神对话

丁玲与《红旗》的结缘始于1958年。在重返文坛后，她以极大的热情投入到社会主义文艺创作中。《红旗》成为她发表作品、表达文艺观点的重要平台。从《讲一点心里话》的创作谈[4]，到对青年作家的指导文章，丁玲在《红旗》上留下了深刻的思想印记。

在《红旗》发表的作品中，丁玲始终坚持现实主义创作原则，深入生活、扎根人民。她的文章既有对创作经验的总结，也有对文艺理论的思考。特别是在如何塑造社会主义新人形象、如何表现工农兵生活等重大问题上，丁玲提出了许多独到见解。

丁玲的文艺思想与《红旗》的办刊宗旨高度契合。她强调文艺创作要"写真实""写本质"[5]，这与《红旗》倡导的社会主义现实主义创作方法不谋而合。她的创作实践为《红旗》的文艺理论提供了生动注脚，而《红旗》则为她的文艺思想提供了传播平台。

1958-1988 年红旗杂志出版《红旗》

[4] 丁玲：《讲一点心里话》，《红旗》杂志 1979 年第 12 期，第 51-52 页。
[5] 丁玲：《生活·思想·人物》，《丁玲全集》第 7 卷，河北人民出版社，2001 年，第 423 页。

三、精神遗产：红旗精神的当代启示

《红旗》杂志的三十年历程，是新中国社会主义文艺探索的缩影。它记录了一代文艺工作者在特定历史条件下的思考与实践，为后人留下了宝贵的精神财富。作为这段历史的见证者，丁玲的创作与思考具有特殊的历史价值。

丁玲在《红旗》发表的作品，展现了一位革命作家对社会主义文艺的深刻理解。她坚持文艺为人民服务的宗旨，强调作家要深入生活、贴近群众[6]。这些思想在今天依然具有重要的现实意义，为当代文艺工作者提供了宝贵启示。

在新时代背景下，《红旗》杂志和丁玲的文艺思想仍然具有重要的借鉴价值。它提醒我们，文艺创作要始终坚持正确方向，扎根人民生活，反映时代精神。这种精神遗产，将永远激励着中国文艺工作者在新时代继续前进。

站在新的历史起点回望，《红旗》杂志与丁玲的这段渊源，不仅是一个刊物与一位作家的故事，更是一个时代的精神写照。这套珍藏于丁玲纪念馆的《红旗》杂志，将继续向世人诉说着那段激情燃烧的岁月，传递着永恒的文艺精神。在新时代的文艺创作中，这种精神将继续指引我们前行，在实现中华民族伟大复兴的征程中谱写新的篇章。

---

[6] 丁玲：《到群众中去》，《红旗》1982年第9期，第34-35页。

俄译《李家庄的变迁》：国际共运中的乡土叙事

1949 年赵树理赠丁玲俄文版著作《李家庄的变迁》

1949 年深秋，在莫斯科举行的十月革命节庆典宴会还没结束，赵树理就将一本淡黄色封面的俄文版《李家庄的变迁》郑重交到丁玲手中[1]，这个看似寻常的赠书场景，却暗含着解放区文人特有的精神密码。这本跨越语言藩篱的著作，在七十五年后的今天依然在常德丁玲纪念馆的展柜中泛着微光，以物质形态凝固着特定历史时空中知识分子的精神轨迹。

一、土腔调与洋装帧：文本跨界的政治隐喻

《李家庄的变迁》俄译本诞生于中苏文化同盟的蜜月期，莫斯科外国文学出版社的铅字将太行山区的方言革命叙事转化为国际共运的文化符号。赵树理刻意选择俄文版本相赠，暗含着对文学国际化的期待——他希望丁玲这位兼具本土意识与国际视野的作家，能将中国农

---

[1] 王增如、李向东：《丁玲年谱长编》，天津人民出版社，2006 年，第 260 页。

村变革的经验纳入世界左翼文学谱系。书籍封面上群众聚集庆祝胜利大会的画面与俄文书名形成奇妙互文，恰似解放区文艺"民族形式"与"国际主义"的双重变奏。

这种文本跨界在丁玲的创作实践中早有呼应。她在《太阳照在桑干河上》中既保持了话本小说的叙事肌理，又融入了苏俄文学的心理描写技法。两位作家不约而同地在形式探索中践行着毛泽东《在延安文艺座谈会上的讲话》精神，将"为中国老百姓所喜闻乐见的中国作风与中国气派"[2] 作为创作圭臬。

二、山药蛋派与霞光派：乡土书写的范式对话

赵树理赠书时，丁玲的土改题材长篇小说《太阳照在桑干河上》已经出版。两位作家在太行山与桑干河的不同地理坐标中，共同构建了解放区文学的乡土叙事范式。赵树理笔下李家庄的宗族瓦解过程，与丁玲描写的暖水屯阶级重构形成镜像：前者采用传统说书人的全知视角，后者则开创了多声部叙事实验。书中对农民铁锁的喜剧化处理，与丁玲对黑妮的形象塑造形成互文，共同解构着传统文学中的扁平化农民形象。他们在现实主义创作原则下，各自探索着典型环境中的典型人物塑造法。

三、纸页间的精神图谱：革命文人的交往范式

这本俄文书的扉页题签"丁玲同志留念 赵树理敬赠 1949.11.22"，简朴字迹背后是解放区特有的文人交往伦理。相较于国统区作家的沙龙雅集，赵树理与丁玲的交往更多发生在马兰草纸校样、油印刊物和战地采风的间隙。1948 年石家庄市委的小院里，就传出过他们为典型人物是否需要理想化塑造争论的声音[3]。丁玲对于赵树理小说的农村气息、农民语言很服气，并多次自谦地说："我们的小说还是写给文化人看的，限于狭小的知识分子圈子，赵树理的小说是真正写给农民看的。"[4]

如今，丁玲纪念馆展柜中的这本俄文书，早已超越普通藏品的物

[2] 孟繁华：《民族形式的战时内涵——关于延安时期的"中国作风和中国气派"》，《当代文坛》，2022 年第 2 期，第 90 页。

[3] 王增如、李向东：《丁玲年谱长编》，天津人民出版社，2006 年，第 222 页。

[4] 李向东、王增如：《丁玲传》，中国大百科全书出版社，2015 年，第 382 页。

质属性。书脊上细密的裂纹记录着华北平原的硝烟，俄文字母的沟壑间沉淀着国际共运的文化想象。当参观者的目光穿透玻璃，与扉页上褪色的题签相遇时，1949年那个深秋的赠书场景便悄然复活：两位惺惺相惜的作家，在莫斯科十月革命节庆典宴会上完成了一次极具时代特质的文化托付，将中国农村的革命叙事熔铸进世界左翼文学的星河。

《乱弹及其他》：瞿秋白的文学革命与社会批判

　　《乱弹及其他》是瞿秋白的一部重要杂文集，收录了他对社会现象、政治局势和文化问题的深刻剖析与批判[1]。这些文章以其犀利的笔触和深刻的思想，展现了瞿秋白对社会现实的关注以及对革命理想的追求。该文集不仅具有较高的思想价值和文学价值，还是研究瞿秋白思想及中国现代历史文化的重要资料。

1946 年晋察冀新华书店出版
《乱弹及其他》瞿秋白著

　　1938 年 5 月，爱国工商人士、进步文人谢澹如在瞿秋白英勇就义近三年之际，以"霞社"的名义首次出版了《乱弹及其他》。太平洋战争爆发后，上海环境恶化，谢澹如深恐遗稿散失，冒险再次以"霞社"名义出版该书[2]，使瞿秋白的著作得以流传。1946 年，晋察冀新华书店出版了该书的解放区毛纸本；1949 年 6 月，山东新华书店根据 1946 年晋察冀版又翻印了此书[3]。丁玲纪念馆所藏的版本为 1946 年上海出版公司出版的版本。

　　《乱弹及其他》中的文章创作于社会变革期，瞿秋白以马克思主义观点分析文学现象和社会问题，强调文学的阶级性和社会功能，为研究当时社会思想状况提供了重要资料。在书中，瞿秋白创造了"乱弹"这一独特的文学形式，运用大量口语化表达和民间文学元素，以杂感、随笔等形式，打破传统文学体裁的限制，自由地表达思想情感。这种创新不仅推动了文学大众化，还为现代文学创作提供了新的形式和思路。

---

[1] 瞿秋白：《乱弹及其他》，东北书店印行，1946 年，序言。
[2][3] 蒋楚婷：《不让祖宗的宝贝湮没于历史的尘埃》，《文汇报》，2017 年 2 月 6 日。

瞿秋白的遗集《乱弹及其他》与丁玲虽无直接关联，但瞿秋白本人与丁玲却有着复杂多元的关系。首先，他们是师生关系。1923 年 8 月，丁玲和王剑虹在南京共青团二大时第一次见到瞿秋白[4]，瞿秋白建议她们去上海大学文学系听课。在上海大学，瞿秋白成为对丁玲影响最大的老师，他给丁玲讲俄罗斯文学，教她学俄语，将她领进了文学之门。其次，他们是朋友关系。他们都经历过不幸的早年，有相似的经历，都热爱文学，有共同的爱好和话题。最后，瞿秋白对丁玲的创作产生了深远影响。瞿秋白与王剑虹的爱情悲剧成为丁玲文学创作的灵感来源，她的作品《韦护》便取材于这一故事。而瞿秋白作品中深刻的思想性和犀利的批判性，也让丁玲意识到文学不仅仅是个人情感的抒发，更是反映社会、批判现实的有力工具。

可以说，与中国共产党早期重要领导人之一瞿秋白的密切交集，使丁玲对革命有了更深刻的理解和认识，逐渐接受并认同了马克思主义的世界观和方法论。这种思想转变促使她的创作从个人主义向集体主义、从追求个性解放向投身社会革命转变，贯穿于她后期的创作和人生选择中。

《乱弹及其他》不仅是瞿秋白思想与文学成就的集中体现，也是中国现代文学史上的重要文献。它通过独特的文学形式和深刻的社会批判，展现了瞿秋白对革命理想的执着追求，同时也影响了丁玲等一代文学家的思想与创作。

---

[4] 丁玲：《我所认识的瞿秋白同志》，《丁玲全集》第 6 卷，河北人民出版社，2001 年，第 33 页。

书法绘画

从《临江仙》看毛泽东与丁玲的文艺革命情谊

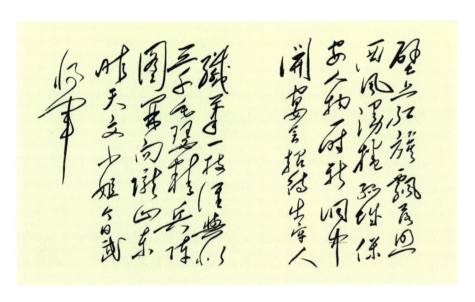

毛泽东主席题赠《临江仙·给丁玲同志》复印件（原件现存于常德诗墙）

《临江仙·给丁玲同志》是毛泽东主席在 1936 年为初来延安的女作家丁玲所作的赋词[1]，也是主席一生中唯一题赠现代作家的词作，且是用军用电报发出[2]，足见毛泽东对丁玲的器重。那么，当时的丁玲怎么会获此殊荣呢？毛泽东又为什么要这样礼赞丁玲？我们一起跟着时间的脉络去追溯……

1936 年的一个中秋之夜，蜚声文坛的女作家丁玲在党组织的积极营救和安排下，逃脱国民党反动派的牢笼，秘密经上海、北平、西安，历尽艰辛来到当时中共中央所在地——陕北保安，成为到达苏区的第一位高级知识分子。苏区来了名作家，这对钻了近十年山沟的中国共

---

[1] 毛泽东：《临江仙·给丁玲同志》，《毛泽东诗词全编译注》，人民文学出版社，2017 年，第 368 页。
[2] 袁良骏：《丁玲研究资料》，知识产权出版社，2011 年，第 14 页。

产党和红军来说，无疑是件盛事。中共中央宣传部为丁玲举办了简朴而隆重的欢迎晚会，毛泽东、张闻天、周恩来等中央领导出席并作了讲话，对丁玲的到来给予了热烈欢迎和最高的礼遇[3]。

毛泽东对丁玲说："你是从国统区来到苏区的第一个大作家，现在这里条件很差，打仗的人多，文化人少，你来了好，可以把苏区的文化工作开展起来。你在上海领导过左联工作，多想些办法，多发挥一点作用。"[4]丁玲建议："先成立组织，比如文艺俱乐部之类，把文艺爱好者聚集起来，然后开展活动。"[5]此时的丁玲觉得自己就像失散多年的孤儿，重返母亲的怀抱一般温暖，她明白只有加倍努力工作，才能回报党的恩情。

在毛泽东同志的支持下，丁玲不负厚望，到达保安才十来天，就以文艺为武器，与李伯钊等人发起成立了苏维埃政权下第一个大型文艺团体——中国文艺协会[6]，创办了党报第一个纯文艺副刊——《红色中华 红中副刊》[7]。并在刊尾写道："战斗的时候要枪炮，要子弹，要各种各样的东西，要这些战斗的工具，用这些工具去摧毁敌人；但我们还不应忘记使用另一种武器，那帮助着冲锋侧击和包抄的一支笔！"[8]11月22日，毛泽东在中国文艺协会成立大会上称赞："这是近十年来苏维埃运动的创举"[9]。此时的毛泽东清醒地意识到，中国革命的胜利，不仅需要一支强大的军队，同样也需要一支优秀的文艺队伍。

因丁玲主动要求去前线当红军[10]，体验红军战士们的生活。经中央批准，丁玲在被推选为文协主任的第二天，就随红一方面军去了陇东前线开辟革命新区。那个冬季丁玲骑着马在风雪中奔走于前线各部队之间，采访并结识了彭德怀、贺龙、王震等一大批红军高级指挥员。几个月的戎马生活，丁玲身上不仅增添了豪放雄迈的色彩，文风也为

[3][6][7] 王增如、李向东：《丁玲年谱长编》，天津人民出版社，2006年，第117-118页。
[4][5] 李友唐：《毛泽东所写诗词〈临江仙·给丁玲同志〉手迹的下落》，中国共产党新闻网，2015年6月29日。
[8][9][10] 李向东、王增如：《丁玲传》，中国大百科全书出版社，2015年，第154-155页。

之一变，写出了《彭德怀速写》[11]《记左权同志话山城堡之战》[12] 等十余篇反映前线生活的军旅篇章，令人耳目一新。从此，丁玲的文学和生活道路发生了翻天覆地的变化，从上海的亭子间走向了民族解放的广阔战场。

1936 年 12 月，毛泽东想到在前线的丁玲，赋词作《临江仙·给丁玲同志》："壁上红旗飘落照，西风漫卷孤城。保安人物一时新。洞中开宴会，招待出牢人。纤笔一枝谁与似？三千毛瑟精兵。阵图开向陇山东。昨天文小姐，今日武将军。"词的上片，先是描绘保安城的景象，从写景生情，然后由情及人，点明丁玲的到来给保安带来了新的气息，读来让人倍感亲切，如临其境。再看下片，随着"出牢人"的悬念，巧用问答相比喻的手法，对追随红军往"陇山东"开辟革命新区的丁玲同志倍加赞赏，肯定她的作品在革命宣传等方面的重要作用，美誉其为"纤笔谁与似"的文小姐，武如将军的巾帼英雄，字里行间处处洋溢着意趣盎然，喜不自胜的情感。不仅成功塑造了一位中国现代新女性形象，也准确反映了毛泽东此刻的心情，体现了毛泽东对所有投身革命知识分子的支持与鼓励。此时的延安正在向知识分子敞开大门，毛泽东需要丁玲这样的重量级人物来推广和宣传延安，宣传共产党的开放与民主。因为中国共产党开明的态度和感召，大批知识分子、文艺青年奔赴延安，胡宗南用 40 万大军都没能封锁住这股弃暗投明的移民潮，几年内，到延安的知识分子达到了四万余人，数倍于 1937 年的延安中共官兵总数。延安成了比上海、重庆还要兴旺的文化之都。由此词可见，作为政治家的毛泽东与作为文艺家的丁玲，显然建立了非比寻常的情谊，而这种情谊也对丁玲此后的人生产生了异常重要的影响。

---

[11]丁玲：《彭德怀速写》，《丁玲全集》第 5 卷，河北人民出版社，2001 年，第 34–35 页。

[12]丁玲：《记左权同志话山城堡之战》，《丁玲全集》第 5 卷，河北人民出版社，2001 年，第 30–33 页。

1937 年初，丁玲从陇东前线回到了延安，特地来到凤凰山向主席汇报工作。交谈中，丁玲提起了那份电报版的《临江仙》，问主席是否可以手写一份留作纪念时，主席欣然应允，于是提笔在二张 16 开大小的浅黄色毛边纸上，为她留下了一份珍贵的《临江仙》手迹[13]。

1939 年初夏，丁玲为防丢失，将毛泽东的手迹诗词寄给在重庆的胡风代为保管。胡风一直将其放在随身小皮包夹层内，历经躲避日机轰炸、香港沦陷逃难等都小心护卫。1955 年"胡风案"发生后，手迹被有关部门"抄走"。后来胡风被判刑，手迹随他们到了四川。其间还遭遇红卫兵抄家，幸运的是装手迹的皮包夹层未被动过。1979 年初，胡风出狱、平反后，胡风夫人梅志将毛泽东手迹请中国作家协会转交给丁玲，至此手迹终于"物归原主"[14]。

时光荏苒，当我们再次品读和回味这首《临江仙》时，不仅可以感受到老一辈无产阶级革命家对文艺工作者的殷切关怀和伟人们礼贤下士的博大胸襟，还可激励新时期下的文艺工作者们在中华民族文艺繁荣和文化自信的征程上笃行致远、砥砺前行。

---

[13][14] 王增如、李向东：《丁玲年谱长编》，天津人民出版社，2006 年，第 121 页。

从《悼丁君》手迹探寻鲁迅与丁玲的文学相知及精神传承

　　鲁迅手迹《悼丁君》，诗轴。宣纸高 65.6 厘米、宽 40 厘米，落款"陶轩先生教正 鲁迅"，钤"鲁迅"白文方印。《悼丁君》系七言绝唱，是鲁迅为悼念丁玲所作[1]。原文如下：如磐遥夜拥重楼，剪柳春风导九秋。湘瑟凝尘清怨绝，可怜无女耀高丘。

　　丁玲与鲁迅之间的交集始于 1925 年北京[2]。因工作无门，事业无路的丁玲给心中的导师鲁迅先生写了一封信寻求帮助和指引[3]。在这封信中，丁玲向鲁迅先生诉说了自己的艰难处境、对于文学创作的困惑、以及未来的怅惘……而鲁迅却误以为这是沈从文化名而写[4]，因沈从文当时在《现代评论》社当发报员，

鲁迅手迹《悼丁君》复制件（原件存于上海鲁迅纪念馆）

而鲁迅与现代评论派论战方酣，内心不悦，故未回复。久久收不到回信的丁玲把对鲁迅的这份敬仰默默地放在了心里，在鲁迅与他人论战时，自觉站在鲁迅这边，并"对鲁迅在实践和宣传革命文艺理论上的贡献，更是倍加崇敬"[5]，丝毫没有因为鲁迅不回信而影响对他的崇拜。

　　丁玲与鲁迅真正接触是在上海的时候。1930 年丁玲来到上海，加入了以鲁迅为旗手的左翼作家联盟[6]，她希望自己也能像鲁迅一样通过

[1] 鲁迅：《悼丁君》，《鲁迅全集》第七卷，2013 年，第 186 页。

[2][3][4][5] 丁玲：《鲁迅先生于我》，《丁玲全集》第 6 卷，河北人民出版社，2001 年，第 108–115 页。

[6] 王增如、李向东：《丁玲年谱长编》，天津人民出版社，2006 年，第 56 页。

自己手中的笔来参与革命。"左联"举办鲁迅五十寿诞的聚餐，丁玲没有参加，但听着丈夫胡也频兴奋地讲述他们与鲁迅见面的情形时，她觉得"我同鲁迅很相近，而且深信他会了解我的，我一定能取得他的了解的"[7]。1931年5月，丁玲第一次参加"左联"会议，见到了鲁迅，对他印象深刻：

他穿一件黑色长袍，着一双黑色球鞋，短的黑发和浓厚的胡髭中间闪烁的是一双铮铮锋利的眼睛，然而在这样一张威严肃穆的脸上却现出一副极为天真的神情，像一个小孩犯了小错误，微微带点抱歉的羞涩的表情[8]。

丁玲觉得"他同我是很熟的人似的，我用亲切的眼光随着他的行动，送他坐在他的座位上"[9]，尽管二人没有任何交谈。

1931年9月，丁玲出任"左联"机关刊物《北斗》杂志主编[10]，希望《北斗》能刊载一些插图，但手里没有现成的，听说鲁迅那里有版画，于是在冯雪峰的引荐下，丁玲第一次正式到鲁迅家中拜访。这一天，丁玲特意穿上了自己最喜欢的连衣裙，她觉得自己在鲁迅面前很自由，一点儿也不拘谨[11]。鲁迅兴致极高地拿出许多版画，逐一向丁玲介绍，并着重介绍了其中的几幅，后来，还特意为丁玲选中的德国二十世纪最重要且最具影响力的艺术家珂勒惠支的作品《牺牲》，写下说明，登刊在《北斗》创刊号上[12]。自此以后，丁玲与鲁迅的来往逐步密切。鲁迅脍炙人口的名篇《我们不再受骗了》《答北斗杂志社问》等，就是首先在《北斗》上揭载的。鲁迅曾向丁玲要小说《水》单行本[13]，彼此赠送的书籍均包的四四方方、有棱有角[14]，就像两人的性格。丁玲向鲁迅说自己有个性不好，但鲁迅觉得人就应该有个性，得到了大家一致同意。

1933年5月，丁玲在上海虹口昆山花园路7号寓所被国民党当局秘密逮捕[15]，鲁迅与国内进步人士多方奔走，全力营救。他建议良友

---

[7][8][9][11][13][14] 丁玲：《鲁迅先生于我》，《丁玲全集》第6卷，河北人民出版社，2001年，第108-115页。

[10] 王增如、李向东：《丁玲年谱长编》，天津人民出版社，2006年，第69页。

[12] 珂勒惠支《牺牲》刊载信息见《北斗》创刊号，1931年9月，第1页。

[15] 王增如、李向东：《丁玲年谱长编》，天津人民出版社，2006年，第87-88页。

公司尽快出版丁玲的长篇小说《母亲》，一再叮嘱要大做广告、多加宣传。同时嘱咐赵家璧把稿费寄给在常德老家的丁玲母亲[16]。当听闻丁玲被国民党反动派关押到南京并遭杀害的谣传后，鲁迅以悲愤之情作《悼丁君》一诗，并致函友人曹聚仁，要求在他编的《涛声》杂志上发表《悼丁君》，鲁迅书写旧体诗，大都用来赠送友人，而主动交报刊要求发表的，唯这一首。9 月 30 日，《悼丁君》发表于《涛声》周刊第 2 卷第 38 期。1934 年再刊于《人世间》第 8 期，此后收入《集外集》。刊发的《悼丁君》诗有两句做了修改。第一句"如磐遥夜拥重楼"中"遥夜"改成"夜气"，"拥"改成"压"，更加突出了悲怆压抑的气氛。第三句中将"湘瑟"改为"瑶瑟"，原暗喻丁玲是湖南人，改后以美玉表达对丁玲的赞美，全诗充满无声的抗议和对祖国失去大好青年的惋惜悲痛之情。

　　丁玲从被国民党扣押之日起，鲁迅就挂念着她。尤其是在 1933 年 5 月 22 日，朝鲜《东亚日报》驻中国特派记者申彦俊问鲁迅："在中国现代文坛上，您认为谁是无产阶级代表作家？"鲁迅毫不犹豫地答道："丁玲女士才是唯一的无产阶级作家。"[17]

　　1936 年，丁玲和党取得联系，在党组织的营救下，得以离开南京，其中就有鲁迅的功劳，是鲁迅把丁玲的消息告诉了冯雪峰同志。当时，因鲁迅病重，丁玲又急着离开上海，没有见最后一面。在她奔赴陕北的途中，听闻鲁迅病逝的噩耗，悲痛万分，以鲁迅《悼丁君》诗中的最后三字"耀高丘"为名给许广平同志发去了一首唁函[18]，内容如下：

　　我是今天下午才得到这个最坏的消息的！无限的难过汹涌在我心头。尤其是一想到几十万的青年骤然失去了最受崇敬的导师，觉得非常伤心。我两次到上海，均万分想同他见一次，但为了环境的不许可，只能让我悬想他的病躯，和他扶病力作的不屈的精神！现在却传来如此的噩耗，我简直不能述说我的无救的缺憾了……这哀恸真是属于我们大众的，我们只有拼命努力来纪念着这世界上一颗殒落了的巨星，是中国最光荣的一颗巨星！[19]

[16] 王增如、李向东：《丁玲年谱长编》，天津人民出版社，2006 年，第 94 页。
[17] 王增如、李向东：《丁玲年谱长编》，天津人民出版社，2006 年，第 90 页。
[18][19] 丁玲：《致许广平》，《丁玲全集》第 12 卷，河北人民出版社，2001 年，第 17 页。

墨痕风骨：《丁玲不死》挽联的文化解码

在丁玲纪念馆的时光长廊里，一纸墨痕正与时空对话。范曾手书、北大荒人敬献的《丁玲不死》挽联以 145×78 厘米的尺幅陈列于展柜，纸面泛起的岁月微黄与墨色交融，斑驳处似星子闪烁，将观者的目光引向那些力透纸背的笔画。这方承载着多重记忆的宣纸，既是艺术的载体，亦是精神的丰碑，在光影流转中持续释放着跨越时空的情感共振。

1986 年范曾手书、北大荒人献
《丁玲不死》挽联

范曾的笔墨在此处显露出宗师气象。"丁玲不死"四字如铁画银钩，起笔处似惊雷乍现，转折间若游龙摆尾。枯润相生的墨韵里，可见飞白如大漠孤烟，浓墨似暮云四合。书家将篆籀笔意化入行草，使"丁"字如青铜鼎立，"玲"字若佩玉生辉，"不"字作断金之势，"死"字化涅槃之姿。这般书法造诣已超越技法的藩篱，在章法布局中暗藏追思的庄重——字距如默哀时的呼吸节奏，行气似追忆时的情感跌宕，将挽联特有的悲怆美学演绎得淋漓尽致。

两代文心的隔空对话，在此墨迹中觅得回响。丁玲以《太阳照在桑干河上》镌刻时代年轮，范曾用《庄子显灵记》叩问生命真谛[1]。当文学巨擘与书画宗师在精神原野相遇，碰撞出的不仅是艺术的火花，更是知识分子对苍生的共同关怀。范曾在笔锋里注入的，不只是对前

---

[1] 范曾：《庄子显灵记》，作家出版社，2005 年。

辈的追怀，更包含着对"文章合为时而著"传统的当代诠释。那些跌宕的线条，恰似丁玲笔下北大荒的千里沃野；墨色的层次，宛若她作品中复杂的人性图谱。

黑土地的记忆在挽联中悄然苏醒。1958-1970 年的风雪北大荒[2]，丁玲不是作为作家而是作为农工存在。她握笔的手扶过犁铧，洞察世事的双眸凝视麦浪，这段淬火经历最终化作《风雪人间》[3]的炽热文字。当北大荒人将这副挽联敬献灵前，朴实的东北汉子们或许想起了丁玲蹲在田垄间记录作物长势的身影，想起了她为农场夜校点亮的第一盏油灯。"不死"二字在他们心中，是丁玲教孩子们识字时的乡音未改，是她为垦荒者缝补棉衣时留下的掌温，是表达她在北大荒人心目中精神永存，她的故事、她的精神，如同火种，在北大荒的土地上代代相传。

作为改革开放初期的文化标本，这纸挽联铭刻着时代的集体记忆。1986 年 3 月 4 日，当丁玲的生命烛火熄灭于协和医院，整个文坛都在寻找告别的仪式。范曾的笔墨与北大荒人的心意，恰如其分地构成了新时期的悼亡范式——既延续了"文人相重"的古老传统，又彰显着思想解放的时代气息。那些力能扛鼎的笔画，既是对"莎菲女士"[4]现代性书写的致敬，也是对《杜晚香》[5]中理想主义的续写。

如今，当参观者在玻璃展柜前驻足，透过斑驳的宣纸与遒劲的墨迹，看见的不仅是两位艺术家的精神邂逅，更是一个民族对文学信仰的坚守。丁玲纪念馆里的这方天地，已然成为丈量中国现当代文化史的独特坐标，在这里，每一道墨痕都在诉说：真正的文学生命，永远生长在人民的土壤之中。

---

[2] 陈明：《我与丁玲五十年——陈明回忆录》，中国大百科全书出版社，2010 年，第 155-207 页。

[3] 丁玲：《风雪人间》，《丁玲全集》第 10 卷，河北人民出版社，2001 年，第 113-185 页。

[4] 丁玲：《莎菲女士的日记》，《丁玲全集》第 3 卷，河北人民出版社，2001 年，第 41-78 页。

[5] 丁玲：《杜晚香》，《丁玲全集》第 4 卷，河北人民出版社，2001 年，第 289-314 页。

从陈沂、马楠挽联探寻革命知识分子精神密语

1986 年，总政文化部长陈沂少将与马楠为丁玲同志题写的挽联——"发配边疆不算辱，犹似冬梅耐寒霜。一文一武遥相应，太阳永照桑干河"，不仅是丁玲革命生涯与文学成就的凝练概括，更是军政与文化界对这位"文武双全"革命者的深切追思。作为丁玲纪念馆藏珍贵文物，这副挽联的文物价值与历史意义，既在于其艺术载体的独特性，也在于它串联起丁玲与陈沂、马楠等时代人物的精神共鸣。本文将从文物内涵、人物关联、历史互证三个维度展开解读。

1986 年总政文化部长陈沂少将、马楠敬献挽联

一、文物内涵：革命史诗的意象书写

挽联以 24 字浓缩丁玲 82 年人生，其意象系统具有多重象征意义：

1. "发配边疆"与"冬梅耐寒霜"：直指丁玲 1958 年因"右派"身份被下放北大荒劳动改造 12 年[1]、后又因禁秦城监狱的经历[2]。但"冬梅"意象将苦难升华为精神韧性，正如她在北大荒期间坚持创作《杜晚香》，以文学对抗命运。纪念馆现存其劳动时使用的草帽、书信等文物，正是这段历史的实物见证。

2. "一文一武"与"太阳照桑干河"：上联呼应毛泽东 1936 年赠词"昨

---

[1] 陈明：《我与丁玲五十年——陈明回忆录》，中国大百科全书出版社，2010 年，第 155-207 页。

[2] 陈明：《我与丁玲五十年——陈明回忆录》，中国大百科全书出版社，2010 年，第 209-229 页。

天文小姐，今日武将军"[3]，下联则指向丁玲代表作《太阳照在桑干河上》[4]。这部"土改史诗"以桑干河畔温泉屯为原型，将革命实践升华为文学经典，成为其"文""武"交融的象征。纪念馆内藏该书俄文译本及土改分地账簿，形成文学与历史的互文。

二、人物关联：军政与文学界的共情纽带

陈沂、马楠与丁玲的交往，折射出革命年代军政界与文化界的深度互动：

1. 陈沂：文化战线的革命同路人

作为总政文化部长，陈沂与丁玲的关联始于对革命文艺的共同追求。丁玲在延安时期主编《解放日报》文艺副刊时，便强调文艺为工农兵服务[5]，与陈沂倡导的军队文化建设理念[6]不谋而合。1980年代，丁玲复出后致力于"新现实主义"文学，陈沂则推动军队文艺改革，二者虽领域不同，但"以文载道"的精神内核相通。挽联中"一文一武"的并置，既是对丁玲个体的赞誉，亦暗含对军政与文学协同性的肯定。

2. 马楠：革命军人的精神致敬

马楠少将的参与，凸显军队对丁玲"战士"身份的认可。丁玲在抗战期间率西北战地服务团奔赴前线，其《一颗未出膛的枪弹》[7]等作品直接服务于战争动员，与马楠等军人保家卫国的使命形成共振。挽联中"太阳永照"的意象，既指向丁玲的文学成就，亦隐喻革命理想如日不落，呼应军人对信仰的坚守。

三、历史互证：从挽联到纪念馆的叙事延伸

---

[3]吴正裕:《临江仙·给丁玲同志》,《毛泽东诗词全编译注》,人民文学出版社,2017年,第368页。

[4]丁玲:《太阳照在桑干河上》,《丁玲全集》第2卷,河北人民出版社,2001年,第1-310页。

[5]丁玲:《延安文艺座谈会的前前后后》,《丁玲全集》第10卷,河北人民出版社,2001年,第282页。

[6]邓斌:《陈沂与开创时期的部队文化工作》,《新文化史料》,1999年第6期,第22-25页。

[7]丁玲:《一颗未出膛的枪弹》,知识出版社出版,1946年3月。

这副挽联的文物价值，在于其与丁玲生平及纪念馆展陈的深度勾连：

革命记忆的立体拼图：纪念馆现存文物中，与挽联直接呼应的包括北大荒农具、丁玲手稿等，共同构建起"发配边疆""文武功业"的历史叙事。

军政悼念的群体印记：除陈沂、马楠联名挽联外，馆内还藏有盛成、边宝华等军政文化界人士的挽联，形成1986年悼念丁玲的"文物群像"。这些文物共同见证丁玲跨越文学与军政领域的影响力。

陈沂、马楠的挽联，既是个体对丁玲的追思，更是军政与文学界对一代革命知识分子的集体致敬。在丁玲纪念馆的展陈体系中，它如同一把钥匙，开启了对"文以载道，武以卫国"时代精神的解读。今日，当观众驻足于这副挽联前，不仅看到丁玲的坚韧与才华，更触摸到那个年代军政与文化精英以信仰为纽带的精神同盟——这种同盟，恰是中华文明在现代化进程中"守正创新"的缩影。正如纪念馆通过"文物活化"让历史照进现实，这副挽联也将持续传递一个信念：真正的"千古"，属于那些以生命熔铸时代精神的人。

灵右挽联：左翼文人的精神互映与时代见证

丁玲纪念馆珍藏的《丁玲同志 灵右》挽联，是一幅跨越时空的对话文本。这幅由楼适夷与黄炜联袂题写的文物，在素白绢帛上凝固着两位左翼文人的生命轨迹。其联文"英姿飒爽，才气纵横；忠诚于党，热爱人民；鸿篇巨制，沥血呕心；百难千灾，永矢坚贞；艰辛历尽，重见光明；青春长葆，垂老更成；亿众仰止，期待方殷；昊天不平，夺我娇人；愁云霭霭，大地哀吟；卓哉丁玲，万事永生"，以四言诗体浓缩了丁玲的革命生涯与文学成就。1986年的墨迹背后，掩映着1930年代上海左联的激扬文字，折射出二十世纪中国知识分子在革命浪潮中的命运沉浮。这件文物不仅承载着

1986年著名作家、翻译家楼适夷、黄炜敬献《丁玲同志 灵右》挽联

私人情谊的追思，更是左翼文学运动的历史见证物。

一、左联记忆的物化形态

1932年《大陆新闻》副刊的编辑往来信件[1]，是理解这幅挽联的重要前文本。楼适夷以主编身份向丁玲约稿时，正值左联组织文学战线的重要时期。丁玲以《母亲》回应约稿，这部自传体小说在报纸连载的每个铅字，都浸透着左翼作家对文学大众化的实践。"鸿篇巨制，沥血呕心"的挽联评语，恰与三十年代丁玲在《大陆新闻》连载小说时的创作状态形成历史回响。楼适夷的编辑理念与丁玲的创作追求，

---

[1]丁玲：《致〈大陆新闻〉编者》，《丁玲全集》第12卷，河北人民出版社，2001年，第6页。

在副刊版面上形成思想共振，这种共振最终在五十年后的挽联中获得美学重构。

在左联时期的日常交往中，两人共同参与地下读书会、工人夜校等组织工作。楼适夷寓所常成为秘密会议场所，丁玲在此与夏衍、冯雪峰等人讨论普罗文学方向。这些场景虽未直接呈现在挽联文字中，却构成理解"忠诚于党，热爱人民"政治宣示的潜在语境。当楼适夷晚年执笔书写挽联时，三十年代油印传单的墨香与工人夜校的读书声，必然穿越时空渗入笔端。

这幅挽联的书写形制暗含左翼文学传统。选用传统楹联形式却摒弃华丽辞藻，朴素质直的笔触延续着左联时期"文艺大众化"的美学追求。题款中"同志"称谓的使用，既保持革命年代的亲昵，又暗含对特定历史语境的指涉，形成独特的文本间性。

二、生命历程的镜像书写

1984 年秋的借居事件 [2]，为解读挽联提供关键线索。楼适夷暂居丁玲木樨地寓所期间，书架上《太阳照在桑干河上》与《在人间》并置陈列，暗示着两位作家在历史漩涡中的不同选择。"百难千灾，永矢坚贞；艰辛历尽，重见光明"的联句，正是对丁玲二十余年流放生涯的诗意概括。这段晚年插曲折射出知识分子在时代剧变中的精神困境，他们的私人空间成为历史反思的场域。

丁玲复出文坛后的《杜晚香》创作，与楼适夷晚年翻译《蟹工船》形成精神呼应。"青春长葆，垂老更成"的赞誉，既指向丁玲晚年笔耕不辍的创作活力，也暗含对左翼文人代际传承的期待。两人在创作实践中持续探索现实主义道路，这种坚持在挽联的"灵右"题词中获得终极确认。

从《母亲》到挽联的文本链，构成完整的生命叙事。《母亲》中余曼贞的觉醒之路，与丁玲本人的革命历程形成互文。楼适夷作为这段历史的见证者与参与者，其挽联文字既是对个体生命的哀悼，更是

---

[2] 丁玲：《致楼适夷》，《丁玲全集》第 12 卷，河北人民出版社，2001 年，第 248 页。

对左翼文学传统的致敬。

三、革命书写的物质见证

挽联的材质选择具有特殊象征意义。选用机制宣纸而非传统手工宣纸，暗示着现代工业文明对革命文学的塑造。墨色经三十余年仍保持润泽，这种物质稳定性与"万事永生"的精神诉求形成隐喻关联。书写方法采用简素立式，延续延安时期朴素刚健的美学风格，与联文中"亿众仰止，期待方殷"的大众化取向形成形式呼应。

题写者的双重身份增强文物价值。楼适夷作为左联亲历者与日本普罗文学译者，黄炜作为跨文化传播者，他们的联合署名使挽联成为中外左翼文学交流的见证。当观众凝视"昊天不平，夺我娇人；愁云霭霭，大地哀吟"的悲怆笔触时，1930年代的油印刊物、1950年代的作家合影、1980年代的追悼场景在时空中叠加，物质载体成为激活历史记忆的媒介。这种展陈效果正是革命文物当代价值的生动体现。

在这幅泛黄的挽联前驻足，我们看到的不仅是两位左翼文人的私谊见证，更是二十世纪中国知识分子的精神图谱。墨迹中凝结的历史记忆与革命理想，仍在与当代观众进行着跨越时空的对话。当纪念馆的灯光洒在"灵右"二字上，那些关于文学与革命、个体与时代的永恒命题，依然在历史长廊中回响。

李正南赠丁玲诗书中的精神对话

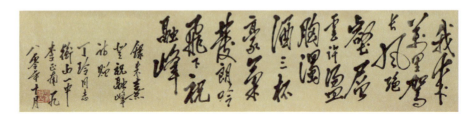

1980 年李正南赠丁玲书法作品朱熹《望祝融峰》

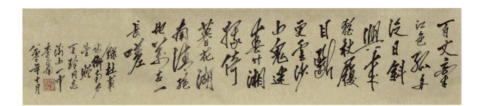

1980 年李正南赠丁玲书法作品杜甫《祠南夕望》

1980 年，书法家李正南赠予丁玲两幅书法作品，分别录朱熹《望祝融峰》与杜甫《祠南夕望》。这两幅作品不仅展现了两位诗人的精神境界，更与丁玲的文学追求、人生经历形成深刻呼应。本文结合两首诗作的具体寓意，剖析其与丁玲思想内核的关联。

一、朱熹《望祝融峰》：理学境界与精神攀登

朱熹作为宋代理学集大成者，其诗常以山水寄寓哲理。从诗中可推测《望祝融峰》为登高抒怀之作。祝融峰作为南岳主峰，象征"至高"与"永恒"，朱熹登山时曾留下"向来枉费推移力，此日中流自在行"等诗句，暗含对"格物致知"的体悟——唯有不断攀登，方能抵达"天理"之境。

李正南选择此诗赠予丁玲，一是对丁玲文学深度的致敬：丁玲的

创作始终以"求真"为内核，无论是早期《莎菲女士的日记》中对女性心理的犀利剖析，还是延安时期对革命现实的深刻书写，皆如朱熹登山般不断突破思想边界。二是对逆境中坚守的共情：朱熹一生屡遭贬谪，仍坚持著书立说[1]；丁玲历经二十余年冤屈，平反后仍以《杜晚香》等作品延续文学理想，两者皆在精神攀登中成就"不朽"。三是对家国情怀的呼应：朱熹诗中"万古长嗟"的天地观，与丁玲"纤笔一枝谁与似？三千毛瑟精兵"的文学使命感异曲同工，皆以个体生命融入时代洪流。

二、杜甫《祠南夕望》：漂泊者的清绝长叹

杜甫晚年流寓湖南时所作《祠南夕望》，是其生命末期的重要诗篇。诗中"百丈牵江色，孤舟泛日斜"以孤舟意象隐喻漂泊无依，"湖南清绝地，万古一长嗟"则将对民生疾苦的忧思升华为千古浩叹。此诗与丁玲的关联可从三方面解读：

一是流离中的精神共鸣。杜甫晚年因战乱流落湖湘，丁玲则在革命与运动中辗转延安、北大荒等地。两者皆以"异乡人"视角观察社会：《祠南夕望》中"山鬼迷春竹，湘娥倚暮花"的凄美意象，恰似丁玲《我在霞村的时候》中对贞贞悲剧命运的书写——看似平静的景色下暗涌着个体与时代的撕裂。二是清绝之地的双重隐喻。"湖南清绝地"既指湘楚山水之秀美，亦暗含诗人对浑浊现实的疏离。丁玲晚年重返文坛后，其作品亦呈现"清绝"特质：如《牛棚小品》以冷峻笔触记录苦难，剥离政治标签，直抵人性本真。三是长嗟中的民本精神。杜甫在湘创作百余首诗，将"穷年忧黎元"的情怀推向极致；丁玲的《太阳照在桑干河上》则以土地改革为背景，展现农民觉醒历程。李正南书录此诗，既是对丁玲"人民立场"[2]的肯定，亦隐喻其如杜甫般"以血书成文学史"[3]。

三、两首诗的互文性：文人风骨与革命理想的交织

[1]黎靖德：《朱子语类》，中华书局，2020年。

[2]丁玲：《要为人民服务得更好——纪念毛泽东同志〈在延安文艺座谈会上的讲话〉发表十周年》，《丁玲全集》第7卷，河北人民出版社，2001年，第308页。

[3]王国维：《人间词话》，中信出版集团股份有限公司，2019年，第40页。

朱熹与杜甫的诗作在李正南笔下形成微妙对话：前者指向理性攀登的精神高度，后者扎根现实苦难的深沉厚度。这种"天理"与"人欲"、"超脱"与"介入"的张力，恰是丁玲双重身份的写照——

作为文人的丁玲：以朱熹式"格物"精神剖析人性，如《韦护》中革命者情感与信仰的冲突，展现知识分子的思辨性；作为革命者的丁玲：她承袭杜甫"诗史"传统，在《在医院中》等作品里直面革命内部的矛盾，践行"文章合为时而著"[4]的使命。

两幅书法并置，暗喻丁玲文学中"启蒙"与"救亡"、"个性"与"集体"的辩证统一。正如朱熹登祝融峰追求"天理流行"，杜甫望湘江长叹"万古同悲"，丁玲亦在文学与革命的交汇处，完成对知识分子精神原乡的终极叩问。

李正南的馈赠，以笔墨为媒介，串联起朱熹的哲思、杜甫的忧患与丁玲的求索。今日观之，这两件馆藏珍品不仅是艺术遗产，更是一部缩写的中国文人精神史——从朱熹"格物致知"的理学境界，到杜甫"民胞物与"的诗史情怀，再到丁玲"纤笔毛瑟"的革命书写，三者在时空交错中共同诠释了"文以载道"的永恒命题。正如丁玲纪念馆中静静陈列的书法，那些墨迹淋漓的诗句，仍在无声诉说着一个世纪的风云激荡与灵魂共振。

---

[4]白居易《与元九书》："文章合为时而著，歌诗合为事而作。"

东方人与丁玲的生命对话与精神共泳

1984 年的宣纸上，三条游鱼在墨色涟漪中凝结成永恒的瞬间。东方人[1]以"鱼翔浅底"为笔名，将这幅浸透生命哲思的水墨长卷赠与丁玲夫妇。当两位历经沧桑的灵魂在艺术中相遇，柳枝低垂的阴影里，分明倒映着中国知识分子在时代洪流中共同镌刻的精神图谱。

1984 年东方人绘赠丁玲、陈明指正《鱼翔浅底》图轴

两位艺术家的命运轨迹在历史褶皱里呈现出惊人的镜像。1957 年的风暴席卷之际，正值创作盛年的东方人被抛入八年劳改的深渊；而丁玲早在 1955 年便因"丁陈反党集团"的罪名，在北大荒的朔风中挥动垦荒的锄头[2]。他们都经历了艺术生命的断裂——画家被迫折断画笔，作家被剥夺书写之权。但在至暗时刻，东方人于牛棚中以木棍勾勒游鱼，丁玲在批斗间隙低头看报[3]，这种对艺术的倔强坚守，恰似画中蓄势的大鱼，在沉默中积蓄着冲破水面的爆发力。

《鱼翔浅底》的构图暗藏生命密码的永恒叩问。两条沉稳大鱼与灵动小鱼构筑的稳定三角，既投射着丁玲与陈明相濡以沫的身影，又暗喻劫后余生的家庭图景。画家在淡墨晕染的水草之外精心留白的空间，正是两位艺术家在绝境中守护的精神原乡，那里封存着未被现实冰封的艺术火种。

---

[1] 东方人，原名陈施仁，湖南安仁县安平镇人。近现代画鱼名家。东方人是其笔名，取原名之半而成。
[2] 丁玲：《风雪人间》，《丁玲全集》第 10 卷，河北人民出版社，2001 年，第 179 页。
[3] 丁玲：《风雪人间》，《丁玲全集》第 10 卷，河北人民出版社，2001 年，第 166 页。

在人性至暗的深渊里，他们不约而同选择了精神解构与重构的生存策略。东方人将本名"陈施仁"拆解重组为笔名，如同将灵魂碎片淬炼重生；丁玲在《太阳照在桑干河上》的创作中，同样经历着精神涅槃。画中柳枝的柔韧与游鱼的刚劲形成奇妙共振，恰似丁玲文字里"野火烧不尽"的顽强与东方人笔触中"任尔东西南北风"的从容。这种刚柔相济的美学范式，正是中国文人在历史夹缝中淬炼出的生存智慧。

　　这幅水墨长卷不仅是两位艺术家君子之交的物证，更是一部无声的时代史诗。游鱼穿梭的轨迹暗合丁玲"虽九死其犹未悔"[4]的文人风骨，也折射东方人对艺术本体的终极追问。当我们凝视画中游弋的墨痕，仿佛听见历史深处传来的回声：真正的自由从不诞生于顺境，而萌发于对局限的超越与初心的坚守。

---

[4]李向东、王增如：《丁玲传》，中国大百科全书出版社，2015年，第11页。

刘开渠与丁玲的艺术情谊与心灵共振

一、早年交游：从"胡也频的爱人"到文艺战友

1920 年代，刘开渠于北京美术学校（中央美术学院前身）求学期间，正值新文化运动余波未息。他在此结识了郁达夫、沈从文、柯仲平、胡也频等文坛先锋，并与同学成立"心琴画会"，以艺术介入社会变革[1]。彼时，丁玲以"胡也频的爱人"身份进入刘开渠的视野，其作家身份尚未广为人知。据刘开渠回忆，他初识丁玲时，仅知她是友人胡也频的伴侣，直至某日偶然在丁玲家中瞥见书桌上文稿的署名，方惊觉这位年轻女性竟是已崭露头角的作家[2]。这一发现，成为两人建立更深层联系的契机。

这段经历不仅折射出丁玲早期身份的隐秘性（她以笔名"丁玲"发表《莎菲女士的日记》震动文坛，现实中的"蒋伟"却鲜为人知），更揭示了刘开渠与左翼文艺圈的深度交叠。两人在艺术与文学的交织中，逐步从友人升华为精神同路人。

二、艺术理念的交织与互鉴

刘开渠与丁玲的交往，超越了私人情谊，更渗透着对艺术本质的探讨。丁玲曾对刘开渠的雕塑风格作出直率评价：1930 年代，刘开渠为丁玲雕刻了一只白松鼠，丁玲观后笑言："刘开渠是老实人，雕出来的东西也是老实样。本来，小松鼠是还可以塑得更活泼一点的。但是我就是喜欢朴实一点的东西。"[3]这段轶事颇具深意——丁玲以"朴实"概括刘开渠的艺术特质，恰与其文学创作中"直击人性"的写实风格形成呼应；而刘开渠以"老实样"接纳批评，亦彰显其艺术观中

---

[1]李蕴慧:《中国文化报》，2024 年 8 月 18 日第 4 版。
[2][3]陈履生：《丁玲与美术家的交往》，《新文学史料》，2012 年第 3 期，第 108-112 页。（引述丁玲对白松鼠雕塑的评价）

对真诚与质朴的坚守。

这一互动背后，是两人共同的艺术追求：刘开渠的雕塑以"形简意深、立足民族性"著称，丁玲的文学则以"革命性与人性并重"为内核。他们的艺术实践，皆试图在时代洪流中寻找个体表达的平衡点。

三、挽联《不胜悲痛，遥寄哀思》的情感溯源

1986 年丁玲逝世后，刘开渠提笔写下《不胜悲痛，遥寄哀思》挽联，其哀恸不仅源于晚年故交凋零之痛，更根植于跨越半个世纪的相知相惜："不胜悲痛"既是对丁玲跌宕人生的慨叹（从延安"武将军"到"反右"蒙冤，再到平反后笔耕不辍），亦是对两人共历时代剧变的感怀。

"遥寄哀思"暗含双重时空维度——地理上，丁玲骨灰归葬故乡湖南临澧，与刘开渠所在的北京遥隔千里；精神上，两人从 1920 年代的艺术青年到晚年文化重建的参与者，始终以"朴实"与"真诚"回应时代命题。

值得注意的是，中央美术学院教授张得蒂为丁玲设计"丁玲印象"[4]大理石雕像时，曾得到刘开渠的亲自指导。这一细节进一步强化了刘开渠与丁玲艺术生命的延续性。他不仅以挽联追思故人，更通过参与塑造其纪念雕像，将丁玲的文学精神凝固于永恒的艺术形式中。

1986 年著名雕塑家刘开渠《不胜悲痛，遥寄哀思》挽联

---

[4]曹晓华：《那一对闪灼的热情的眼睛正紧盯着我》，《文汇报》，2024 年 8 月 4 日，第 8 版。

丛鸿伯赠丁玲：笔墨间的时代情谊

一、丛鸿伯的国画风格：传统文脉与现代意趣的交织

丛鸿伯的国画创作根植于中国传统文人画的精神内核，同时又融入个体对时代生活的敏锐感知。其作品以"笔墨精微、意境深远"见长，既注重线条的凝练与墨色层次，又善用留白与虚实对比传递诗意哲思。从题材上看，他常以山水、人物、生活场景入画，风格兼具北派山水的雄浑苍劲与江南文人画的清雅灵动。其人物画注重"以形写神"，山水画则多采用传统皴法辅以现代构图视角，形成"古朴中见新意"的独特面貌。

这一艺术风格在赠予丁玲的两幅画作中体现得尤为鲜明，既呼应了丁玲文学创作中"革命激情与人性温度并存"的特质 [1]，也以艺术语言完成了两位文化人之间的精神对话。

二、画作解析：风格与主题的双重映照

1.《家中之趣》：写意笔触中的生活美学

此画以写意手法铺陈画面，浓淡交融的墨色挥洒出菜叶的鲜活形态，笔法酣畅洒脱，尽释水墨韵味；鲜艳的朱砂红勾勒出萝卜的饱满轮廓，与墨色形成强烈的视觉呼应。画面右侧以苍润洒脱的书法题字点睛，彰显文人画"诗书画一体"的传统精髓。画家选取家常蔬果入画，于简练笔触间渗透质朴的生活情趣，与丁玲晚年散文中"一茶一饭皆可成文"的豁达心境不谋而合。

2.《山水画》：苍茫天地间的精神隐喻

此幅山水以写意之法绘就，浓淡墨色交织出山峦的层叠起伏，或焦墨皴擦表现岩壁的嶙峋，或淡墨晕染云雾的缥缈，虚实相生间营造

---

[1] 丁玲：《生活、思想与人物》，《丁玲全集》第 7 卷，河北人民出版社，2001 年，第 428-433 页。

出"山色空蒙"的朦胧意境[2]。山间亭台隐现于云雾，几点飞鸟掠过天际，为苍茫山水增添灵动生机。丛鸿伯以山水为镜，将丁玲革命生涯中"登山则情满于山"的坚韧与豁达凝于笔端，暗合其"虽九死其犹未悔"的精神写照[3]。

三、艺术馈赠的深层意涵

丛鸿伯选择以国画赠予丁玲，源于二人艺术理念的共鸣。丁玲的文学创作强调"真实与力量"[4]，而丛鸿伯的国画追求"笔墨当随时代"的创新。《家中之趣》以蔬果之"微"见生活之"真"，《山水画》以天地之"广"喻精神之"宏"，二者主题的互补恰构成对丁玲"革命者"与"文人"双重身份的注解。

1985 年画家丛鸿伯国画《家中之趣》　　丁玲家藏画家丛鸿伯国画《山水画》

[2] 引自王伯敏《中国绘画通史》，三联书店，2018 年，第 359 页。

[3] 李向东、王增如：《丁玲传》，中国大百科全书出版社，2015 年，第 682 页。

[4] 丁玲：《我的创作经验》，《丁玲全集》第 7 卷，河北人民出版社，2001 年，第 11-13 页。

未竟的丹青：丁玲艺术生命中的双重变奏

在丁玲纪念馆的玻璃展柜里，一幅素白的九叶百合花水彩静卧如谜。纤细的线条在泛黄的宣纸上勾勒出花瓣的弧度，叶片边缘的毛边清晰可见，仿佛能听见1924年北平画室里铅笔与画纸摩擦的沙沙声。这幅画作，恰似丁玲艺术生命的隐喻，在文学与绘画的交叉小径上，绽放出独特的双生花。

丁玲绘画习作：九叶百合

1924年的北平寒风里，二十岁的丁玲怀揣素描本走向画室。她与左恭并坐于冷清的美术教室，石膏像的棱角在晨光中投下几何阴影[1]。素描纸上的人物线条刚刚完成，百合花蕊尚未晕染水墨，命运的转轮已悄然转动——当数理化补习的挫败与生计压力接踵而至，那支勾勒理想的铅笔最终搁置在时光的褶皱里。晚年的丁玲对着儿子叹息时，窗外的梧桐叶正簌簌落下，仿佛飘零的是另一种可能的人生图景[2]。

这幅未竟的百合素描却在丁玲的文学世界里悄然生长。《曼哈顿街头夜景》中霓虹的碰撞恰似梵高笔触的癫狂，哈德逊河上的波光让人想起莫奈的睡莲池。桑干河畔的土改画卷，又暗含着列宾式史诗油画的厚重肌理。这种强烈的色彩美不是中国水墨画所特有的那种淡雅、宁静的和谐之美，而是色彩斑斓、立体感极强的油画之美，让人可以透过文学看到光和色，感受到线条与形象的魅力。美术院校未竟的课程，化作文字世界的透视法则与光影魔法。

舒敏在1993年的评论中窥见的，正是这种跨越艺术门类的通感[3]。

---

[1][2] 蒋祖林：《丁玲传》，人民文学出版社，2016年，第77页。

[3] 舒敏：《以画入文 以文绘画——读丁玲的〈曼哈顿街头夜景〉》，《文艺理论与批评》，1993年第4期，第78-79页。

当丁玲描写上海影院里"几盏小灯隐隐的在那音乐台上的蓝色纱幔里透出。上排和楼下望去尽是模模糊糊的显出密密人头的线条"[4]时，普鲁士蓝与墨色的碰撞在字里行间迸发；刻画陕北高原时，赭石色块与苍劲线条构建的视觉张力，让文字产生了伦勃朗式的戏剧光影。这种独特的"以画入文"，不是技巧的炫示，而是艺术感知的自然流淌。

展柜里的百合水彩永远停驻在含苞待放的瞬间，正如丁玲的绘画梦想凝固成文学世界的养料。当我们从《彭德怀速写》里感受到罗丹雕像中那种大自然的浑厚魅力，在《杜晚香》中感受修拉点彩画式的细腻笔触，终将明白：那些未落在画布上的色彩，早已在方块字间晕染出更辽阔的意境。艺术从不会真正湮灭，它只是以更自由的方式重生。

丁玲绘画习作：外国女性头像速写

丁玲绘画习作：维吾尔族青年

---

[4] 何吉贤：《梦珂》，《从〈梦珂〉到〈杜晚香〉丁玲小说精选》，第16页。

生活物品

驼色绣花中式上衣：丁玲的文化符号与精神图腾

在常德市丁玲纪念馆的恒温展柜中，一件驼色绣花中式上衣正以静默的姿态讲述着跨越时空的文化叙事。这件由丁玲丈夫陈明捐赠的国家一级文物，不仅承载着中国现代文学史的重要记忆，更成为解读文化认同与精神传承的独特密码。

1952 年、1983 年，丁玲出国访问所穿的驼色绣花中式上衣。

1952 年早春的莫斯科，中苏文化交流的浪潮中翻涌着东方美学的涟漪。丁玲身着这件绣有梅兰竹菊暗纹的中式上衣，与曹禺共同出席果戈理逝世百年纪念活动。驼色锦缎在克里姆林宫的水晶吊灯下流转着含蓄的光泽，传统盘扣与西式礼服形成微妙对话。当苏联广播电台宣布《太阳照在桑干河上》荣获斯大林文学奖 [1] 时，站在活动现场的丁玲依然保持着这份独特的东方仪态。这看似不经意的着装选择，实则是知识分子的文化自觉——在意识形态的激荡中，她选择以衣为媒，让世界看见中国革命文学与传统美学的共生关系。

三十年时光沉淀，这件驼色上衣在巴黎爱丽舍宫再次绽放异彩。1983 年仲春，丁玲在会见法国国民议会议长路易·梅尔马兹、法国文化部长雅克·兰、法国总统密特朗时 [2]，依然以这件绣着"四君子"的中式服装示人。此时的中国正处于改革开放的浪潮之巅，丁玲的着装选择超越了单纯的怀旧情结，更像是一种文化宣言：在全球化初现端倪的时代，传统纹样与当代剪裁的融合，恰似中国知识分子在现代化进程中的精神姿态——既扎根传统又面向未来。

---

[1] 王增如、李向东：《丁玲年谱长编》，天津人民出版社，2006 年，第 290 页。

[2] 王增如、李向东：《丁玲年谱长编》，天津人民出版社，2006 年，第 663 页。

细观衣襟上暗绣的梅兰竹菊，这些被历代文人赋予人格化寓意的传统纹样，在丁玲身上获得了新的时代诠释。寒梅的傲骨对应着《"三八节"有感》[3]的直言精神，幽兰的深谷品格折射出北大荒岁月中的文化坚守，劲竹的凌云气节暗合《太阳照在桑干河上》[4]的史诗格局，霜菊的隐逸风骨则见证着《风雪人间》[5]里的生命沉思。当这些传统意象与列宁装、中山装共处同一历史时空，丁玲用衣着构建起独特的文化辩证法：革命现代性不应是文化传统的对立面，而应是其创造性转化的历史场域。

这件跨越三十载仍熠熠生辉的服饰，如今作为国家一级文物被恒久珍藏。其经纬线中交织的不仅是丝绸的柔韧，更蕴含着二十世纪中国知识分子的精神图谱。从莫斯科到巴黎，从革命年代到开放时期，丁玲始终以这件衣裳为文化铠甲，在历史转折处守护着中华美学的精神基因。当我们的目光穿透展柜玻璃，看见的不仅是精湛的苏绣技艺，更是文化自信如何在个体生命史中完成具象化表达——那些衣褶间沉淀的，正是一个民族在现代化进程中永不褪色的精神底色。

1983 年 4 月 26 日，丁玲会见法国国民议会议长路易·梅尔马兹。

[3] 丁玲：《"三八节"有感》，《丁玲全集》第 7 卷，河北人民出版社，2001 年，第 60—64 页。

[4] 丁玲：《太阳照在桑干河上》，《丁玲全集》第 2 卷，河北人民出版社，2001 年，第 1—311 页。

[5] 丁玲：《风雪人间》，《丁玲全集》第 10 卷，河北人民出版社，2001 年，第 113—185 页。

红毛衣：丁玲晚年的生命底色

这是一件红色羊毛衣。桂花针的翻领，菱形的图案，花瓣纹的红色玻璃纽扣镶嵌在毛衣的前襟上，里里外外都透着一团火热。

这件红毛衣来源于陈惠芬[1]，一个就职于上海社会科学院文学研究所，撰有《丁玲研究的"盲点"和新视角》《<丁玲年谱长编>的开创性和启示意义》等无数与丁玲相关学术研究文章的丁玲迷。那么，她与这件红毛衣与丁玲又有着怎样的关联？

1980 年 6 月，丁玲做完乳腺癌手术之后准备去庐山疗养，途中先到上海拜访了巴金。据她的秘书王增如[2]回忆，那次丁玲来上海，看完巴金后，70 多岁的她还特地跑到华东师大看望了当时还在那里就读的陈惠芬等人。王增如说，"这是丁玲对年轻人的一种感情。不是因为对方研究她、写她才这么对她。丁玲是一个热心肠的人。"[3] 陈惠芬生病后，丁玲为帮其治病"想了好多办法"[4]。这不光是对陈惠芬个人，"是她对有作为、有志气青年的关心和期望"[5]。出于感激，后来陈惠芬给丁玲买了两件毛衣，其中一件就是红色翻领羊毛衣。

丁玲收到这件红毛衣时，曾穿起来让王增如看，王增如追忆："说心里话，当时我觉得，这件毛衣穿在她这位 80 岁的老太太身上，是太花哨、太鲜艳、太不协调了。但丁玲却非常喜欢这件毛衣，常穿在身上。后来我看习惯了，觉得老太太穿着这件毛衣，确实遮去了不少岁月的年轮，显得很潇洒，很有风度。现在我懂了，当她穿着这色彩鲜艳、

[1] 陈惠芬（1952-），华东师范大学中文系教授，丁玲研究专家。
[2] 王增如（1933-），丁玲最后一任秘书，著有《丁玲年谱长编》等。
[3][4][5] 引自《秘书王增如追忆丁玲：她最有价值的遗物都在上海》，《人民网》，2015 年 11 月 8 日。

式样别致的大毛衣去出席国宴时，去见美国总统夫人时，去参加各种聚会时，去看她的亲朋好友时，她心里一定感觉很美，很年轻。"[6] 由此可知，丁玲骨子里就是一个性情似火、坚韧豁达、不服老的人。

晚年的丁玲总爱穿这件红色毛衣外套。红得醒目，远看、近看，都是一团火。这团燃烧旺盛的火焰忙碌地奔波在文学和文艺事业的一线。她穿着这件红毛衣参加"雪峰研究""史沫特莱在中国"《中国》创刊招待会、第四次作协代表大会等诸多会议，与左联老同志楼适夷、波兰裔作家伊斯雷尔·爱泼斯坦、老作家舒群、魏巍、雷加、曾克等人热切讨论。

1984 年 7 月 4 日下午，丁玲因糖尿病、肾病住进首都医院。此时，中组部送来《关于为丁玲同志恢复名誉的通知》[7] 征求意见。丁玲穿着这件红色毛衣坐在病床上，提出几点修改意见，笑逐颜开地说："这下我可以死了！40 年沉冤，这次大白了。"

这件红毛衣可以说是晚年丁玲在文学与革命生活中的一个缩影，它不仅见证了丁玲与青年一代之间的情谊，见证了她团结新老作家的风姿，见证了她出席各种文学活动的风采，也见证了她作为中共党员着眼国家命运、不计个人得失的情怀，为后辈们树立了勤勉务实、甘于奉献、忠诚担当的榜样。

---

[6] 李美皆：《从衣服与影像看作家丁玲的人生和命运》，《界面新闻》，2016 年 10 月 26 日。

[7] 王增如、李向东：《丁玲年谱长编》，天津人民出版社，2006 年，第 735 页。

黑色隐花丝绸旗袍：丁玲的精神符号与时代见证

1960 年，作家丁玲将一件黑色隐花丝绸旗袍赠予儿媳李灵源。这件看似普通的服饰，不仅承载着个人记忆与家族情感，更凝结了特殊历史时期知识分子的精神困境与文化坚守。作为一件文物，它的材质、纹样、设计细节与流转历程，皆可视为解读丁玲生命轨迹的密码。

1960 年丁玲穿用并送给儿媳李灵源的黑色隐花旗袍

一、历史语境中的服饰叙事

20 世纪 50 至 60 年代，中国社会经历剧烈变革，服饰逐渐被赋予政治象征意义。中山装、列宁装成为主流，旗袍等传统服饰被视为"旧社会残余"，甚至被斥为"小资产阶级情调"的具象化符号[1]。然而，丁玲选择在私人领域保留并传递一件黑色丝绸旗袍，暗含对个体审美与人文精神的隐秘坚持。这种选择与 1952 年张爱玲穿旗袍申请出境的过程形成微妙对照[2]——丁玲彼时作为体制内文化官员的立场，与晚年赠衣的私人行为，映射出知识分子在公共与私人空间的双重挣扎。

二、工艺与象征：隐花丝绸的文化隐喻

黑色丝绸在中国传统文化中象征庄重、深邃与神秘，而"隐花"工艺（暗纹织造）则体现了内敛的审美取向。相较于张爱玲笔下"在窗口看月亮"的张扬浪漫[3]，丁玲的黑色隐花旗袍更显含蓄克制，恰如她晚年的生存状态：既需适应集体主义规范，又试图在夹缝中保留个体表达的微光。丝绸的柔韧性与黑色的沉郁，恰似丁玲历经政治风波后"外柔内刚"的精神特质——从延安时期的革命激情到文革时期的沉默坚韧，这件衣物成为其人格的物化投射。

---

[1] 华梅：《中国近现代服装史》，中国纺织出版社，2008 年，第 147 页。

[2] 张爱玲：《对照记》，皇冠出版社，1994 年，第 89 页。

[3] 张爱玲：《金锁记》，北京十月文艺出版社，2021 年，第 1 页。

三、家族传承中的情感铭刻

将旗袍赠予儿媳李灵源，赋予其超越物质的文化传承意义。丁玲纪念馆曾以驼色绣花中式上衣为媒介，通过微电影诠释其家国情怀，而黑色旗袍的私密性则指向另一维度：作为母亲与家族纽带，丁玲借此传递的不仅是审美趣味，更是对女性独立意识的隐性肯定。在"绿军装"垄断公共视域的时代，这件藏于家中的旗袍构成一个微缩的文化避难所，暗示着未被完全规训的个体记忆。

四、文物价值的再发现

从物质属性看，这件旗袍的保存状态、剪裁工艺与纹样设计，为研究 20 世纪中叶中国纺织技术与服饰文化提供实证。其双开衩、立领等细节，既延续民国旗袍的典雅线条，又融入社会主义时期简化装饰的实用主义倾向，堪称社会转型期服饰美学的过渡性标本。而作为丁玲遗物，它与作家未完成的长篇小说《在严寒的日子里》[4] 手稿形成互文——前者以沉默的针脚封存私人记忆，后者以断裂的文本记录时代创伤，共同诉说着历史褶皱中的个体存在。

---

[4] 丁玲：《在严寒的日子里》，《丁玲全集》第 2 卷，河北人民出版社，2001 年，第 495-553 页。

公文包里的文坛春秋

在丁玲纪念馆的恒温展柜里，静静陈列着一个深褐色牛皮公文包。皮革表面已泛起岁月沉淀的斑驳，但"中国作家协会第四次会员代表大会"的金漆字样依然清晰可辨。这个跨越半个世纪的公文包，不仅见证了中国当代文学的重要时刻，更承载着丁玲跌宕起伏的文学人生。

1984 年丁玲参加中国作协第四次代表大会使用过的公文包

1949 年早春，随着北平解放的礼炮声，来自解放区与国统区的文艺工作者完成历史性会师。时年 45 岁的丁玲以筹委会委员身份投入首届文代会筹备，亲历了这场开创新中国文艺格局的盛会 [1]。在 7 月的骄阳下，她主持全国文学工作者协会成立大会，提出的"从群众中来，到群众中去"创作理念 [2]，犹如春雷激荡着与会者的心。当她在台上强调"真真为人民服务"的创作立场时，台下 300 余位作家或许未曾料到，这句宣言将贯穿这位文坛宿将的一生。

新中国成立后，丁玲以首任中国文协党组组长的身份 [3]，主持创办中央文学研究所（鲁迅文学院前身）[4]，培养出邓友梅、玛拉沁夫等文坛新锐。1953 年文协改组为中国作协 [5]，她与茅盾、巴金等共同构成新中国文学版图的核心坐标。此时她手中的公文包，装满了文学体制建

---

[1] 王增如、李向东：《丁玲年谱长编》，天津人民出版社，2006 年，第 249-253 页。

[2] 丁玲：《从群众中来，到群众中去》，《丁玲全集》第 7 卷，河北人民出版社，2001 年，第 108 页。

[3] 王增如、李向东：《丁玲年谱长编》，天津人民出版社，2006 年，第 261 页。

[4] 王增如、李向东：《丁玲年谱长编》，天津人民出版社，2006 年，第 264-265 页。

[5] 王增如、李向东：《丁玲年谱长编》，天津人民出版社，2006 年，第 299 页。

设的蓝图与青年作家的手稿。

命运的转折在 1957 年骤然降临[6]，丁玲辗转北大荒与秦城监狱[7]，却始终保持着知识分子的精神气节。1979 年重返文坛时，她拿着公文包的身影再次出现在第四次文代会现场。面对年轻作家们惊诧的目光，她将半生沧桑凝练成掷地有声的宣言："我相信党，相信群众，相信时间，相信历史。"[8] 当掌声如潮水般漫过会场，公文包上的岁月痕迹仿佛都化作勋章。

1984 年冬日，80 高龄的丁玲携此公文包出席作协四大。在讨论领导班子人选时，她从容建言："只要真正站到党的立场，与中央保持同心，都可以留住。"[9] 这番超越个人荣辱的胸襟，让在场作家看到了老一代文艺家的格局。次年春天，随着《中国》文学杂志的创刊，这个公文包完成了最后的历史使命，却为中国文学留下永恒的精神坐标。

如今，透过展柜玻璃凝视这个公文包，仿佛能看见历史长河在皮革纹路中流淌。它既记录着体制建构的筚路蓝缕，也镌刻着知识分子的精神坚守，更见证着中国文学从政治风浪中走向新生的轨迹。当观众驻足于此，或许能听见半个世纪的文坛风云，正在皮革的褶皱里轻轻回响。

---

[6]《文艺界反右派斗争的重大进展——攻破丁玲、陈企霞反党集团》，《人民日报》，1957 年 8 月 7 日，第 1 版。

[7] 王增如、李向东：《丁玲年谱长编》，天津人民出版社，2006 年，第 409-457 页。

[8] 丁玲：《讲一点心里话》，《丁玲全集》第八卷，河北人民出版社，2001 年，第 67 页。

[9] 李向东、王增如：《丁玲传》，中国大百科全书出版社，2015 年，第 744 页。

丁玲影像里的革命书写与文化外交（1938-1949）

一、1938年: 西安的"今日武将军"

1938 年是中国全面抗战的第二年，民族危亡之际，延安成为抗日救亡的文化中心。丁玲作为西北战地服务团（简称"西战团"）团长 [1]，肩负着以文艺动员民众、宣传抗日的使命。彼时,日军攻陷太原,沿同蒲铁路南下,丁玲率团从山西撤退至西安，在国统区开展抗日救亡活动，既需与国民党顽固派"反摩擦"斗争，又需以文艺凝聚民心。

这张八路军军装照拍摄于西安，定格了丁玲作为"武将军"的飒爽英姿。1937 年，毛泽东曾以《临江仙》一词

1938 年"今日武将军"一身八路军军装的丁玲在西安 原版底片

盛赞丁玲"纤笔一枝谁与似? 三千毛瑟精兵"，而此时的她已褪去"文小姐"的标签，以八路军干部身份活跃于前线。她身着八路军制服，头戴军帽，目光坚毅，展现了知识分子向革命战士的转变。此形象不仅是个人身份的象征，更成为延安文艺工作者投身抗战的缩影。

1938 年 3 月，丁玲率"西战团"在西安开展为期四个月的宣传活动，带部分女团员参加陕西各界妇女"三八"纪念大会，在会上讲演，期间创作话剧《河内一郎》《突击》，组织群众集会，举行公演 [2]。这张照片正是她在西安执行任务期间的留影，背后是国共合作下的文化

---

[1] 李向东、王增如：《丁玲传》，中国大百科全书出版社，2015 年，第 174 页。
[2] 王增如、李向东：《丁玲年谱长编》，天津人民出版社，2006 年，第 136-137 页。

统战工作：既要突破国民党的舆论封锁，又要以文艺形式唤醒民众。丁玲的军装形象，既是对抗日民族统一战线的实践呼应，也彰显了中共领导下文艺工作者的战斗性与组织性。

此照片是研究延安文艺与抗战动员的重要实物证据。它不仅记录了丁玲个人从作家到战士的转型，更映射了中共在国统区通过文艺进行政治宣传的策略。丁玲的军装形象，成为"文艺为抗战服务"的具象符号，为后世理解延安文艺工作者的多重角色提供了直观素材。

二、1949 年：莫斯科机场的文化使者

1949 年 10 月，新中国成立，国际社会亟需了解这个新兴的社会主义国家。丁玲作为中国文艺界代表，率文化代表团赴莫斯科参加苏联十月革命 32 周年庆典，并出席世界保卫和平大会[3]。此行既是新中国文化外交的开端，也是社会主义阵营内部意识形态联结的象征。

照片中的丁玲身着中山装，面容沉稳，与代表团成员立于莫斯科机场。此时她的身份已不仅是作家，更是新中国文化界的领导者——中国文联副主席、中宣部文艺处处长。她的形象既带有革命者的朴素，又兼具国际文化使者的庄重，体现了新中国知识分子在政治与文艺双重领域的权威地位。

此行中，丁玲不仅参与国际会议，还向世界介绍中国解放区文学成就，尤其是其代表作《太阳照在桑干河上》。这部获斯大林文学奖的小说，以土改为背景，成为新中国文学国际化的标志。莫斯科之行既是丁玲个人创作成就的巅峰展示，也是新中国通过文化输出构建国际认同的重要实践。照片中代表团成员的神态与着装，传递出新中国文化界自信与开放的双重姿态。

这张影像记录了新中国初期文化外交的历史瞬间，是研究社会主义阵营文化交流的珍贵资料。丁玲作为延安文艺传统与新中国文化政策的桥梁，其国际形象象征着革命文学从区域实践到全球话语的跃升。同时，照片也折射出冷战初期中国文化界"一边倒"的外交选择，以

---

[3] 王增如、李向东：《丁玲年谱长编》，天津人民出版社，2006 年，第 258 页。

及通过文艺建构国家认同的努力。

从"战地服务团团长"到"文化使者"，丁玲始终兼具文艺创作者与政治实践者的双重角色。两张照片分别定格了她从民族救亡到国家建设的身份演进，体现了中国共产党对知识分子"革命化"与"国际化"的双重要求。1938 年的军装照强调文艺作为抗战武器，1949 年的外交影像则凸显文艺作为国际话语工具。二者共同印证了毛泽东《在延安文艺座谈会上的讲话》中"文艺为政治服务"的核心思想。丁玲的影像不仅是个人生命史的切片，更是 20 世纪中国革命文艺史的缩影。从西安的黄土飞扬到莫斯科的国际舞台，她的经历串联起抗战、解放、建国三大历史阶段，成为解读中国共产党文化政策变迁的密钥。

1949 年丁玲率文化代表团到莫斯科机场照片

一条跨越八十年的"母女"围巾

1940 年丁玲亲手编织后送给西战团女团员罗兰的羊毛围巾

在丁玲纪念馆展厅的陈列柜里，一条蓝绿黄三色交织的羊毛围巾正静卧在丝绒展台上。历经八十载春秋，那些曾被革命烽火浸润的毛线依旧泛着温润的光泽，仿佛还在诉说 1937 年寒冬里的故事。

1937 年 8 月，中央军委委托中宣部组建西北战地服务团，由丁玲担任主任[1]。西北战地服务团是一个半军事化、以宣传为主要任务的团体。当时国家正处于内忧外患的境地，西战团的任务十分艰巨，丁玲迎难而上，率领西战团徒步开赴山西抗日前线，进行宣传和统战工作。

西战团的团员大部分是"抗大"的学生，丁玲说："明天我就要同一群年轻的人在一道了，大部分的人我都不认识，生活年龄都使我们有一道距离，但我一定要打破它，我不愿以我的名字领导着他们，我要以我的态度去亲近他们，以我的工作经验来说服他们。"[2]

那年十一月，西战团精心编排了十几个独幕剧用于宣传抗日，当时排舞在露天舞台，寒冷的天气，又没有火烤，女团员们穿着演出服，

---

[1] 李向东、王增如：《丁玲传》，中国大百科全书出版社，2015 年，第 174 页。

[2] 丁玲：《西北战地服务团成立之前》，《丁玲全集》第 5 卷，河北人民出版社，2001 年，第 48 页。

冻得瑟瑟发抖，十分艰苦。其中有个叫罗兰[3]的团员，只有16岁，是个孤儿。因为天天穿着单薄的演出服，加上持续月余的高强度排练，导致染上重咳病情严重。当任西战团主任的丁玲推开窑门时，正看见月光透过窗棂描摹着女孩因咳嗽颤抖的脊背。"跟我走。"见罗兰没有行李被褥，这位以《莎菲女士的日记》震动文坛的女作家，将沾满硝烟味的大衣披在少女肩上，带到自己住的窑洞里亲自照顾。此后三个寒夜，丁玲与罗兰共卧一衾，女作家温热的手掌始终护着少女冰凉的肩头。当发现剧团配发的棉被难抵晋北寒风，丁玲挎着竹篮走遍五里八乡，用三块银元换来几团零碎毛线。煤油灯下，三十一岁的女作家捻着粗细不匀的毛线，用菱形针法编织起跨越年龄的羁绊。蓝是山西夜空的深邃，绿是延河畔的春草，黄是黄土高原的底色——当这条125厘米长的围巾环住罗兰脖颈时，少女第一次在战火中触摸到了母爱的温度。

1940年早春，罗兰得了肺病，丁玲要她住到边区文协来，并亲自牵着她的手走过三十里山路，去找中央医院院长何穆治疗[4]，还将自己特供的小米粥装进搪瓷缸揣在怀里送去给她吃。丁玲的细心关爱，让罗兰感动不已，两人之后情同母女，罗兰亲昵地喊丁玲为"妈妈"。丁玲也很喜欢她，像师长和朋友一样关心她的生活和工作，两人的关系亦师亦友亦母。

罗兰在西战团时，因不擅演戏、唱歌、写文章等工作，丁玲认为文艺团体不适合她，西战团到太原后，便介绍她去了山西青年抗敌决死队做实际工作，罗兰对丁玲的这个建议一直心存感激。

1957年，丁玲被划为右派之后去了北大荒[5]，1960年12月应王震[6]之召来北京住在远东饭店时，只有罗兰顶着压力来看望丁玲。1978年9月，罗兰打听到丁玲被流放到山西长治嶂头村，写信说打算来看望。

---

[3]洛兰，亦名罗兰，1937-1938年在八路军西北战地服务团任团员，丁玲当时任西北战地服务团主任（团长）。

[4]李向东、王增如：《丁玲传》，中国大百科全书出版社，2015年，第211页。

[5]李向东、王增如：《丁玲传》，中国大百科全书出版社，2015年，第543页。

[6]李向东、王增如：《丁玲传》，中国大百科全书出版社，2015年，第556页。

丁玲给她写了长长的回信，说："我不能忘记你分担过我的忧戚。你告诉我，康生在党校怎么说我是自首过的，我在那以后写信给陈云同志；任弼时同志来文协我的小窑洞里，像谈心似的和我谈我在南京一段时间的历史，作出了结论……你曾经多么痛苦地叫我不要再爱老陈了，你又曾把我的痛苦去向陈明讲述。只有你是我们、我和陈明相识生活了四十年的知心人。"[7]

二十二年后，当罗兰弥留之际，这条见证半个世纪风雨的围巾被郑重交还丁玲后人，每道毛线结节都凝结着特殊年代里超越血缘的亲情。

如今，陈列柜里的羊毛围巾依旧保持着 1937 年的缠绕方式——那是母亲为孩子系围巾时特有的手法，左襟压右襟，在颈后挽个温暖的结。

---

[7]丁玲：《致洛兰、马寅》，《丁玲全集》第 12 卷，河北人民出版社，2001 年，第 100 页。

红唱片上的文化年轮：丁玲母女的跨国艺术之链

在常德市丁玲纪念馆的玻璃展柜里，静静躺着十二张带有俄文标签的黑胶唱片。这些来自苏联的珍贵文物，如同凝固的时光胶囊，保存着一段跨越国界的艺术对话。当指尖轻触唱片封套上"柴可夫斯基芭蕾舞曲"的烫金字样，仿佛能触摸到 1952 年莫斯科大剧院里一位关注中国文化事业发展的母亲的呼吸——丁玲在此观看《泪泉》的那个早春 [1]，悄然改写了中国芭蕾艺术史的轨迹。

丁玲珍藏的苏联等国老唱片柴可夫斯基芭蕾舞曲

一、红色帷幕下的艺术启蒙

1952 年 3 月的莫斯科，零下十多度的严寒冻结不了艺术的热情。在莫斯科大剧院新馆，丁玲感受到了芭蕾舞剧《泪泉》诗一般浓郁的氛围 [2]。乌兰诺娃足尖划出的弧线，与普希金诗句中的悲怆在剧场穹顶下交织，这种震撼在丁玲心中种下了要丰富中国艺术的种子。演出结束后，丁玲在莫斯科音乐书店精心选购的柴可夫斯基《青春的回声》等唱片，成为后来丁玲在北京寓所引导女儿蒋祖慧研习芭蕾时的重要教材。

这批编号 5289-56-0269、4069、4970 的苏联唱片，记录了战后社会主义阵营文化互鉴的特殊语境。当丁玲以中国文化界代表的身份参加果戈理逝世一百周年纪念活动，穿梭于依尔库次克、新西伯利亚、莫斯科、乔治亚时 [3]，她购置的不仅是音乐制品，更是中国文艺界急需的

---

[1][2][3]王增如、李向东：《丁玲年谱长编》，天津人民出版社，2006 年，第 288-292 页。

艺术样本。唱片封套上的俄文批注，暗含着苏联专家对芭蕾音乐处理的独到见解，这些细节成为蒋祖慧在平壤崔呈喜舞蹈研究所[4]研习时的重要参照。

二、黑胶纹路里的文化迁徙

1954年蒋祖慧赴莫斯科国立戏剧学院深造时[5]，随身携带的正是这批浸透母亲心血的唱片。在普希金广场旁的宿舍里，这些旋转的黑色圆盘成为连接故国与新知的桥梁。舒伯特B小调交响曲的旋律与北京胡同里的鸽哨声，在异国学子的梦境里奇妙交织。苏联导师发现，这个中国学生总能在编舞中自然融入水墨画般的留白意境[6]——这正是跨文化熏陶结出的奇异果实。

这批跨越国界的艺术载体，见证了社会主义文艺体系的建构过程。当《天鹅湖》的旋律从莫斯科河畔飘向长安街时，丁玲收藏的唱片成为解码俄罗斯芭蕾基因的重要密码。蒋祖慧在编创《红色娘子军》时[7]，巧妙地将《胡桃夹子》的变奏逻辑与海南黎族舞蹈语汇嫁接，创造出令巴黎观众惊叹的"东方芭蕾"[8]。

三、旋转的文明年轮

2014年陈明先生将这批珍藏捐献给丁玲的故乡常德市丁玲纪念馆时，黑胶唱片已不再是单纯的音乐介质。它们叠合着冷战时期的文化外交密码、艺术家的私人记忆、以及中苏文化交流的官方叙事。当数字时代的激光读取这些模拟时代的音轨时，我们听到的是两代知识女性在历史巨变中对艺术本真的坚守。

在全球化遭遇逆流的今天，这些带着细微划痕的唱片反而凸显出超越性的价值。它们证明真正的艺术对话能穿透意识形态的壁垒，在人类精神世界留下永恒的刻痕。正如蒋祖慧将《泪泉》的悲情转化为《祝福》中的东方叙事[9]，文明总是在相互凝视中获得新生。

---

[4][5][7][8] 傅祎男：《蒋祖慧为民族芭蕾编创世纪精品》，中国共产党新闻网，2014年8月7日。

[6] 苏联：《戏剧艺术》，《东方美学在芭蕾编导中的运用》，1957年，第3期。

[9] 张延杰：《"中国芭蕾的创新要有基础"——访新中国第一代芭蕾编导家蒋祖慧》，《中国文艺评论》，2023年第7期。

展柜里的老唱片仍在静静旋转，那些细密的纹路里藏着二十世纪最动人的文化密码。当丁玲母女的艺术之旅与中苏文化交流史产生奇妙共振，我们得以窥见：真正的艺术传承，从来不是简单的复制粘贴，而是在跨文化的淬炼中，让古典精神获得当代生命。这些穿越时空的黑色圆盘，最终成为丈量文明对话深度的年轮。

俄文苏联柴可夫斯基《青春浍浍的回声》唱片中号

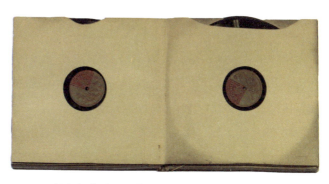

俄文版苏联柴可夫斯基 5289-56-4970 中号唱片

一方书桌刻风骨

在丁玲纪念馆二楼的展厅深处，一隅复原场景悄然定格着文学大家最后的生活印记。越过丁玲晚年卧室复原的标示，栗壳色书桌以静默的姿态占据视觉中心——长一米二、宽六十厘米的桌面泛着温润光泽，仿佛被时光反复摩挲的璞玉，在周遭褪色的木质家具中愈发显得凝重深沉。这是 2009 年陈明先生捐赠的珍贵文物，自 1979 年丁玲返京至 1986 年辞世[1]，这张书桌始终是作家最后的创作港湾。

俯身细观，岁月在桌面上刻画出独特的叙事语言：深浅交错的划痕如时光篆刻的年轮，边缘的斑驳蚀痕恰似未完成的手稿，桌面深浅不一的墨渍宛若凝固的星河。这些痕迹与《十月》杂志第二期上《"牛棚"小品》的铅字遥相呼应，将那个特殊的春天重新拉回眼前——1979 年 1 月 12 日，得到中组部答复，回到北京治病的丁玲重新回到大众的视野。医生怀疑丁玲患乳腺癌，要求立刻手术，但丁玲考虑再三，不能一回京就躺在病床上，决定推迟一年手术，争取写作时间，全力投入创作工作，以此来报答关心她的读者大众。于是，这张书桌成为了与死神赛跑的战场，见证着作家以日均两千字的速度[2]，在止痛药与稿纸间构筑起《杜晚香》《在严寒的日子里》等多部精神丰碑。其中，《"牛棚"小品》获得《十月》文学奖。这是丁玲阔别文坛二十年后公开发表的第一篇作品，在文坛引起了不小的轰动。

1984 年 8 月 1 日，经中央书记处批准，中组部向全国颁发（1984）9 号文件《关于为丁玲同志恢复名誉的通知》[3]，推倒一切不实之词，彻底为丁玲平反。为了补回那丢失的二十多年时光，丁玲不顾自己 80 岁高龄，每天伏在已磨出木质肌理的书桌前奋笔疾书，以顽强的毅力，

---

[1] 王增如、李向东：《丁玲年谱长编》，天津人民出版社，2006 年，第 833 页。

[2] 据丁玲秘书张凤珠回忆："丁老每天完成稿纸 20 页，约合 2000 字"（《我所知道的丁玲》，中国大百科全书出版社，2004 年）

[3] 王增如、李向东：《丁玲年谱长编》，天津人民出版社，2006 年，第 735 页。

在短短几年间，创作了《魍魉世界》《风雪人间》等百万字作品，可以说，这张书桌不仅见证了她对文学的执着和热爱，也展现了她对过往经历的回顾与思考。

作为中国现代文学史上的重要人物，丁玲书桌所在的空间，自然也是她与重要访客交流的地方，来访的舒群、雷加等文坛故交常在此驻足[4]，年轻作家们则屏息凝视桌角未干的墨迹——这里既是文学创作的圣殿，更是思想交锋的沙龙，咖啡渍与茶痕在桌面上交织出特殊年代的文人图谱。

如今，当参观者的指尖轻触桌面上凹陷的书写区，仍能感受到某种穿透时空的温度。那些深深浅浅的墨痕里，分明还跃动着《魍魉世界》的哲思，回荡着《在严寒的日子里》的叹息。这张承载着七载春秋风雨的书桌，早已超越普通家具的范畴，化作中国现当代文学的精神图腾——它不仅铭记着一位作家劫波渡尽后的创作涅槃，更镌刻着知识分子在时代洪流中永不褪色的风骨。每当暮色漫入纪念馆，斑驳的桌面上似乎又浮现出那支疾书的钢笔，在寂静中书写着永恒的文学誓言。

丁玲曾使用过的办公木书桌

---

[4] 王增如：《记一九八四年丁玲等老作家与青年作家史铁生、邓刚、唐栋的会面》，《文艺报》，2024 年 7 月 26 日，第 7 版。